Klemme | Lorenz · Immanuel Kant

AF130787

Bibliografische Information der Deutschen Nationalbibliothek

Die Deutsche Nationalbibliothek verzeichnet diese Publikation in der Deutschen Nationalbibliografie; detaillierte bibliografische Daten sind im Internet über http://dnb.d-nb.de abrufbar.

© 2017 Wilhelm Fink Verlag, ein Imprint der Brill-Gruppe
(Koninklijke Brill NV, Leiden, Niederlande; Brill USA Inc., Boston MA, USA;
Brill Asia Pte Ltd, Singapore; Brill Deutschland GmbH, Paderborn, Deutschland)

Internet: www.fink.de

Einbandgestaltung: Ansgar Lorenz
Printed in Germany
Herstellung: Brill Deutschland GmbH, Paderborn

ISBN 978-3-7705-6044-8

Heiner F. Klemme | Ansgar Lorenz

Immanuel Kant

Philosophie für Einsteiger

Verschwindet: Schwärmerei, Aberglaube und Vorurteile!

WILHELM FINK

Kant und Königsberg

Immanuel Kant wird am 22. April 1724 in Königsberg (Ostpreußen) geboren, wo er am 12. Februar 1804 auch stirbt. Kant hat acht Geschwister und wächst in einfachen und religiös geprägten Verhältnissen auf. Sein Vater ist Riemermeister, die geliebte Mutter wird bereits 1737 zu Grabe getragen. Königsberg trägt heute den Namen Kaliningrad und gehört zur Russischen Föderation. Kants zum Jubiläum 1924 neugestaltete Grabstätte befindet sich seitlich am Dom, in dem er einen Tag nach seiner Geburt auf den Namen Emanuel auch getauft worden war. Heute beherbergt er ein kleines Kantmuseum. An seinem Geburtstag wird des großen Philosophen mit Kranzniederlegung und Reden gedacht, während zeitgleich auf dem Bahnhofsplatz die roten Fahnen zu Ehren von Lenin geschwungen werden. Es hat der Natur gefallen, dass beide Männer am gleichen Tag des Jahres das Licht der Welt erblicken.

Kant auf Reisen

Dass Kant seine Heimatstadt nie verlassen haben soll, wie oft kolportiert wird, ist ein Märchen. In den Jahren 1748 bis 1754 ist er als Hauslehrer bei verschiedenen Familien in Ostpreußen tätig gewesen. So hat er auch einige Zeit in Judtschen, dem späteren Kanthausen und heutigen Wessjolowka gelebt. Um seine Menschen- und Weltkenntnisse zu erweitern, hielt Kant ein Leben in „Königsberg am Pregelflusse" allerdings für völlig ausreichend. Schließlich ist die Stadt „der Mittelpunkt eines Reichs", mit einer günstigen Lage für den Seehandel gesegnet und beherbergt „die Landescollegia der Regierung" und „eine Universität (zur Kultur der Wissenschaften)". Was könnte man mehr verlangen?

4

Der Schüler

Kants Begabung wird früh erkannt und von vielen Seiten gefördert. Er besucht das durch Vertreter des lutherischen Pietismus in Halle geprägte Collegium Friedericianum, die bedeutendste Schule weit und breit. Im Zentrum des Unterrichts stehen die alten Sprachen, insbesondere das Lateinische, sowie die Vermittlung des lutherischen Katechismus. In späteren Jahren lässt er kein gutes Haar an der Pädagogik seiner Jugend. Als besonders verdrießlich empfindet er die in mündlicher und schriftlicher Form verlangten religiösen Bekenntnisse. Als Johann Bernhard Basedow 1774 in Dessau das Philanthropinum gründet, ergreift Kant seine Feder und ermutigt seine Landsleute, ihre Kinder in die Obhut von Basedow zu geben. Kinder sollen nicht über sich selbst nachgrübeln, sie sollen befähigt werden, sich selbst in der Welt handelnd zu orientieren.

> Kinder sollen nicht dem gegenwärtigen, sondern dem zukünftig möglich bessern Zustande des menschlichen Geschlechts, das ist: der Idee der Menschheit und deren ganzer Bestimmung angemessen erzogen werden.

Student der Philosophie

Im Herbst 1740 beginnt Kant sein Studium an der Universität in Königsberg, der Albertina. Es war üblich, sich bei der Immatrikulation zu einer der drei oberen Fakultäten (Theologie, Jurisprudenz, Medizin) zu bekennen, in die der Student wechselt, nachdem er die untere (philosophische) Fakultät durchlaufen hatte. Zu welcher Fakultät sich Kant bekannt hat, wissen wir nicht. Es gibt jedoch Hinweise darauf, dass er von Anfang an nichts anderes als Philosophie im Kopf gehabt hat. In ihr wollte er sich einen Namen machen. Kein Wunder also, dass er in späteren Jahren einen Ruf auf eine Professur für Dichtkunst ablehnte und es vorzog, so lange als Privatdozent und Unterbibliothekar an der Schlossbibliothek tätig zu bleiben, bis ihn der Ruf auf die Professur seines Herzens ereilen würde.

Vom Studenten zum Hauslehrer

Kants Vater stirbt 1746, und der junge Mann geht von der Universität ab, um sich als Hauslehrer zu verdingen. Wir dürfen uns Kant zu dieser Zeit nicht als einen glücklichen Menschen vorstellen. Aber er hält an der Philosophie fest. Sein erstes Buch erscheint unter dem Titel *Gedanken von der wahren Schätzung der lebendigen Kräfte*. Kant ist 25 Jahre alt.

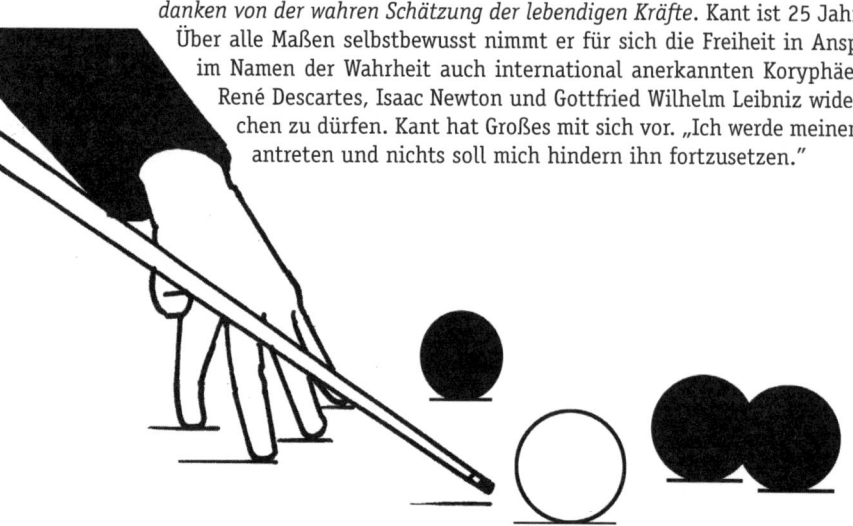

Über alle Maßen selbstbewusst nimmt er für sich die Freiheit in Anspruch, im Namen der Wahrheit auch international anerkannten Koryphäen wie René Descartes, Isaac Newton und Gottfried Wilhelm Leibniz widersprechen zu dürfen. Kant hat Großes mit sich vor. „Ich werde meinen Lauf antreten und nichts soll mich hindern ihn fortzusetzen."

Magister und Professor für Logik und Metaphysik

Schon bald wird er Magister und Privatdozent. Kant genießt das Leben, spielt Billard, liebt die Geselligkeit. Als 1757 russische Truppen die Stadt für ein paar Jahre besetzen, blüht die Stadt auf. Offiziere besuchen seine Vorlesungen. In Sanssouci schmollt König Friedrich II. Das hätte er von seinen Königsbergern nicht erwartet. Kants Ruhm wächst. Ihn ereilen Rufe an die Universitäten in Erlangen und Jena. Er lehnt sie alle ab. Endlich ist es 1770 so weit. Er übernimmt die Professur für Logik und Metaphysik an der Albertina. Was für ein Glück, was für eine Chance! Mehr kann ein Mensch nicht erreichen. Metaphysik ist die Mutter aller Wissenschaften, und Kant will ihr dienen.

Gebäude der
Albertina heute.

Die Vorlesungstätigkeit

Kant beginnt seine Lehrtätigkeit 1755/56 und beendet sie im Sommer 1796. Seit seiner Übernahme der besoldeten Professur sind seine Vorlesungen über Logik und Metaphysik für die Studenten umsonst, für die Privatkollegien müssen sie weiterhin bezahlen (die so genannten „Brot-Kollegia"). Das Einkommen eines Dozenten wächst mit der Anzahl seiner Studenten. Umfang und Breite von Kants Vorlesungstätigkeit sind enorm. Neben den öffentlichen Vorlesungen über Logik (im Sommer) und Metaphysik (im Winter) liest er im Laufe der Jahre über Moral, Naturrecht, „Enzyklopädie der gesamten Philosophie mit einer kurzen Geschichte der Philosophie", Physische Geographie, Anthropologie, Pädagogik, Natürliche Theologie, Mathematik und Mechanik. Nachschriften seiner wichtigsten Vorlesungen werden kopiert und an interessierte Hörer verkauft. Unter seinen Zuhörern findet sich auch Johann Gottfried Herder (1744-1803, siehe links), der von 1762 bis 1764 bei Kant studiert. Später werden sie sich öffentlich befehden. Herders Irrationalismus ist Kant von Grund auf suspekt. Herder kritisiert Kant dafür, der Sprache nicht genug Aufmerksamkeit gewidmet zu haben.

Später mehr dazu ...

Die erfolgreichste Vorlesung: Anthropologie

Im Wintersemester 1772/73 hält Kant zum ersten Mal Vorlesungen über (pragmatische) Anthropologie, die er zu einer ordentlichen akademischen Disziplin ausbaut. Gemessen an der Anzahl der Studenten, sollte es seine erfolgreichste Vorlesung werden. In einer auch für das interessierte Stadtpublikum ansprechenden und nachvollziehbaren Weise will Kant einen Beitrag zur Erweiterung unserer Weltkenntnis leisten. Er möchte ergründen, welchen Gebrauch der Mensch von seiner Freiheit in der Welt macht. Wer seine Vorlesung besucht hat, ist für die Welt gut gerüstet. Er weiß, was ihn erwarten wird. Menschen mit unterschiedlichen Hautfarben, Völker mit differenten Charakteren, Frauen, die sich nicht so recht auf ein Handeln aus Prinzipien verstehen wollen. Kant erörtert den Traum und die Dichtkunst, doziert über die Differenz von Überzeugung und Überredung, handelt vom Genie und von der Gewohnheit und von vielen Dingen mehr. In den 33 Jahren, in denen er diese Vorlesung hält, überarbeitet und ergänzt er sie stetig. Er arbeitet die neueste Literatur über fremde Völker ein, reagiert auf die politischen und gesellschaftlichen Umbrüche der Zeit.

Bei mir können Sie vorallem eins lernen: Denken!

Die erste Vorlesung: Philosophieren lehren

Der spätere Kirchenrat Ludwig Ernst Borowski (1740-1832) hatte das Glück, Kants allererste Vorlesung im Herbst 1755 zu hören. In seiner Kant-Biographie findet sich sein Bericht: Kant „wohnte damals in des Prof. Kypke Hause, auf der Neustadt und hatte hier einen geräumigen Hörsaal, der samt dem Vorhause und der Treppe mit einer unglaublichen Menge von Studierenden angefüllt war. Dieses schien K. äußerst verlegen zu machen. Er, ungewöhnt der Sache, verlor beinahe die Fassung, sprach leiser noch als gewöhnlich, korrigierte sich selbst oft.... In der nachfolgenden Stunde war es schon ganz anders. Sein Vortrag war, wie er's auch in der Folge blieb, nicht allein gründlich, sondern auch freimütig und angenehm. ... ‚Sie werden', das wiederholte er seinen Schülern unablässig, ‚bei mir nicht Philosophie lernen, aber – *philosophieren*; nicht Gedanken bloß zum Nachsprechen, sondern *denken*.' Aller Nachbeter war er herzlich gram. ... Selbst denken – selbst forschen, auf seinen eigenen Füßen stehen, – waren Ausdrücke, die unablässig wieder vorkamen. Zweifel, die ihm zur Auflösung vorgelegt wurden; Bitten um etwas nähere Auseinandersetzung nahm er in seinen jüngern Jahren sehr freundlich an. Sonst war seine Vorlesung – freier Diskurs, mit Witz und Laune gewürzt."

Essen und Trinken

Die meisten Informationen über den privaten Kant und seine Gewohnheiten stammen aus den letzten zwei Jahrzehnten seines Leben, also aus einer Lebensphase, in der der Mann einst zum Greise wurde. Einer seiner Biographen war Reinhold Bernhard Jachmann (1767-1843), ein früherer Schüler und späterer Freund von Kant, der seit 1783 an der Albertina studierte. Wagen wir einen Seitenblick auf Kants Trinkgewohnheiten, so wie sie Jachmann überliefert, auch wenn sie für das Verständnis seiner Philosophie wenig beitragen: „Kant trank nichts anders als Wein und Wasser. Das Biertrinken nannte er ein Essen, weil das Bier so viele nährende Teile enthält, daß die Liebhaber desselben sich dadurch sättigen und sich den Appetit verderben. Er trank in der Regel einen leichten roten Wein, gewöhnlich Medoc. ... Eine Zeit hindurch hatte Kant auch noch eine ebenso kleine Bouteille mit weißem Wein in seiner Nähe, um bisweilen, wenn er den roten zu adstringierend fand, mit einem Glase weißen abzuwechseln." Zu Kants Lieblingsspeisen sollen übrigens Teltower Rüben gezählt haben. Guten Appetit beim Nachkochen!

Ein Professorenleben

Mit der Übernahme der Professur ändert sich Kants Tagesablauf. Professoren in Preußen sind verpflichtet, ihre Kollegien um 7 Uhr morgens zu beginnen. Ein Diener muss ihn wecken. Das Leben nach der Uhr beginnt. Neben den anfänglich bis zu 22 akademischen Stunden (à 45 Minuten) in der Woche umfassenden Vorlesungen übt Kant mehrfach das Amt des Dekans der Philosophischen Fakultät aus. 1780 wird er Mitglied des Senats und turnusgemäß zwei Mal zum Rektor der Universität gewählt. Drittmittelanträge und Exzellenzinitiativen sind ihm allerdings erspart geblieben. Kant hat auch keine Kongresse besucht oder Gastprofessuren wahrgenommen. Der Austausch mit den Kollegen findet im mündlichen Gespräch oder in Briefform statt. Das wichtigste Medium ist jedoch das gedruckte Wort, das Buch, der Aufsatz, der Zeitungsartikel.

Kant als Autor

Kant lässt seine Bücher zunächst in Königsberg unter anderem bei dem Buchhändler und Verleger Johann Jakob Kanter (1738-1786) erscheinen, in dessen Haus er auch eine Zeitlang wohnt und kostenlos die neueste Literatur studieren kann. Die Schriften der kritischen Phase, die mit der Publikation der *Kritik der reinen Vernunft* (1781) beginnt, erscheinen in Riga, Berlin und Königsberg. Verlagsort und Druckort fallen jedoch selten zusammen. So werden alle zwischen 1781 und 1788 publizierten Bücher Kants in Halle gedruckt, einem Ort, dessen Universität für die Liberalität in der Ausübung der Zensur bekannt war. Auch Kants vernichtende Kritik am Rationalismus der Schule von Christian Wolff (1679-1754), seine Streitschrift gegen den Hallenser Philosophen Johann August Eberhard (1739-1809), wird 1790 ironischerweise in einem Nebengebäude des früheren Wohnhauses von Wolff gedruckt. Kants wichtigste Aufsätze erscheinen in der *Berlinischen Monatsschrift*, der führenden Zeitschrift der deutschen Aufklärung. Mit Ausnahme der akademischen Pflichtschriften erscheinen alle seine Publikationen in deutscher Sprache. Promoviert im modernen Sinne des Wortes hat Kant übrigens nicht. In der Philosophie war dies nicht üblich.

Der Diener des Philosophen

Kants Pläne, eine eigene Familie zu gründen, scheitern. Er ist dem Umgang mit Frauen nicht abgeneigt, aber außer Spekulationen wissen wir wenig Konkretes über die Absichten, die er als eleganter Magister hegte. Aus späterer Zeit sind warnende Worte über den Ehestand überliefert. Vermutlich seit etwa 1761 hat Kant einen Diener gehabt. Sein Name ist Martin Lampe (1734-1806), ein aus Würzburg stammender früherer preußischer Soldat. Weil Lampe viel trinkt und unzuverlässig ist, kommt es zwischen Herrn und Diener zu Konflikten. Besonders geärgert hat Kant, dass Lampe geheiratet hat, ohne seinen Herrn zuvor um Erlaubnis zu fragen (wozu er verpflichtet gewesen wäre). 1802 wird Lampe mit einer jährlichen Pension von 40 Talern entlassen. Kant beschwert sich, dass ihn Lampe auf eine Weise gedemütigt habe, die zu beschreiben er sich schämen würde. Er bekommt einen neuen Diener und notiert sich: „Der Name *Lampe* muss nun völlig *vergessen* werden."

Das Haus in der Prinzessinstraße

Im Mai 1784, er ist 60 Jahre alt, zieht Kant in sein eigenes Haus ein. Es liegt in der Prinzessinstraße, in unmittelbarer Nachbarschaft zum Schloss. Im zweiten Stock befinden sich das Esszimmer, wo Kant mit seinen Gästen speist, seine Bibliothek und sein Schlafzimmer. Lampe zieht in das Dachgeschoss. Im ersten Stock doziert er vor bis zu 100 Studenten, die der Raum kaum fassen kann. Zuvor musste er geeignete Räume anmieten. Ein zentrales Vorlesungsgebäude wie in modernen Universitäten gab es noch nicht. Zunächst wird er auch noch außer Haus essen gehen, bis er 1787 im Erdgeschoss eine Küche einrichten lässt und zur Tischgesellschaft einlädt. Der Tag ordnet sich: Wecken um 5 Uhr morgens, Vorlesungen ab 7 Uhr, Arbeit an den eigenen Publikationsprojekten, mittags die Tischgesellschaft mit Freunden und auswärtigen Besuchern, dann weitere philosophische Tätigkeit, gegen Abend ein Spaziergang zum Holsteiner Damm, Lektüre der neuesten Literatur. Um 22 Uhr beginnt die Nachtruhe. Den Sonntagnachmittag verbringt er im Hause seines Freundes Robert Motherby (1736-1801), einem englischen Kaufmann.

Das unvollendete Projekt der Metaphysik

Zeit seines Lebens bereitet es Kant Sorgen, dass seine geistigen und physischen Kräfte schwinden könnten, *bevor* er sein ambitioniertes Projekt einer kritisch fundierten Metaphysik der Natur und der Sitten im vollen Umfang verwirklicht hat. Sie sollten sich bestätigen. Für die *Metaphysik der Natur* reicht es nur zu Vorüberlegungen. Und die *Metaphysik der Sitten* (1797) enthält tatsächlich nur *Metaphysische Anfangsgründe der Rechtslehre und der Tugendlehre.* In den letzten Lebensjahren ist er auf die Zuwendung seiner Schwester und die Unterstützung seiner Freunde angewiesen. Dem Philosophen Christian Garve schreibt Kant 1798, dass er bei dem Gedanken, das „Ganze" seiner Philosophie vor sich liegen zu sehen, es aber aufgrund seiner geistigen Ermattung nicht vollenden zu können, einen „Tantalischen Schmertz" empfände. In der letzten Dekade seines Lebens muss Kant auch betrübt zur Kenntnis nehmen, dass jüngere Philosophen ihre Feder mit dem Anspruch ergreifen, im Geiste der Kritischen Philosophie das System der Transzendentalphilosophie errichten zu wollen, für das Kant in ihren Augen nur eine Propädeutik geliefert hat. Kant ist konsterniert. Johann Gottlieb Fichte (1762-1814) weist er in einer öffentlichen Erklärung 1799 mit scharfen Worten zurecht: Dieser möge sich – bitte schön – an den Buchstaben der *Kritik der reinen Vernunft* halten, dann werde er die sichere „Grundlage" des Systems der reinen Vernunft schon entdecken.

**Der Lebenssinn?
Lebe im Einklang
mit der Moral!**

Der Sinn des Lebens

Was gibt unserem Leben Sinn und Bedeutung? Erfolg im Beruf? Reichtum? Anerkennung und Ehre? „Am Ende unserer Tage" zählt allein das moralische Wohlverhalten. „Genaue Befolgung dessen, was die Moral uns vorschreibt, damit uns das Gewissen nichts vorwerfe, macht zufrieden – am Ende ruhig. Was kann ich dafür, daß die Dinge der Welt nicht nach meinem Willen gehen, meine Zufriedenheit sollen sie mir nicht rauben, sondern ich will mich in sie schicken. Was kann es uns am Ende unsrer Tage helfen, daß wir gut geschmauset haben, und in Kutschen gefahren sind. ... Habe ich aber immer rechtschaffen und tugendhaft gelebt, so gibt es noch eine andere Welt, so bin ich auch daselbst würdig einen andern Posten zu bekleiden."

Der Tod des Philosophen

Nach Jahren geistigen und physischen Verfalls stirbt Kant in der Mittagsstunde des 12. Februar 1804. Es ist ein Sonntag. Am 28. Februar wird er zu Grabe getragen. Wie Kants Nachlassverwalter Ehregott Andreas Christoph Wasianski (1755-1831) berichtet, wurde die Leiche aus dem „Trauerhause" „unter dem Geläute *aller* Glocken der ganzen Stadt empfangen. Der unabsehbare Zug ging ohne irgendeine Rangbeobachtung zu Fuße, von Tausenden begleitet, in die Dom- und Universitätskirche. Diese war mit einigen hundert Wachskerzen erleuchtet. ... ein solches Leichenbegräbnis, bei welchem die deutlichsten Spuren allgemeiner Hochachtung, feierlicher Pomp und Geschmack sich vereinigten, sahen Königsbergs Einwohner [noch] nie."

Die Freunde Kants

Im Jahre 1803 feiert der Philosoph zum letzten Mal gemeinsam mit seinen Freunden seinen Geburtstag. William Motherby, ein Sohn von Robert Motherby, lädt die frühere Tischgesellschaft zu einem „Erinnerungsfest" ein, dass am 22. April 1805 in Kants Wohnhaus stattfindet. Es ist die Geburt der *Gesellschaft der Freunde Kants*, die bis zum heutigen Tag fortbesteht. Nach 1945 findet das so genannte Bohnenmahl zunächst in Göttingen und Mainz statt, seit 2016 trifft man sich in Halle. Vor einigen Jahren ist diese Tradition auch in Kaliningrad, deren Universität heute den Namen Kants trägt, neu belebt worden. Zur Erinnerung an Kants Todestag wird 1904 von Hans Vaihinger in Halle die Kant-Gesellschaft gegründet, die zu Zeiten der Weimarer Republik die größte philosophische Gesellschaft der Welt ist. Von den Nationalsozialisten wird sie zerschlagen. Nach 1945 werden zunächst die 1896 ebenfalls von Vaihinger begründeten „Kant-Studien" und dann auch die Kant-Gesellschaft in Mainz und Bonn wieder belebt. In unseren Tagen gibt es weitere Kant-Gesellschaften in Japan, Korea, Polen, Rumänien, Norwegen, Italien, Frankreich, Spanien, Großbritannien, den USA und Brasilien. Im Reich der reinen Vernunft geht die Sonne niemals unter.

Tod, wo ist Dein Stachel?

Kant misst dem Tod keine besondere philosophische Bedeutung bei. Sicherlich ist er nichts Erhabenes. Der Tod ist die Abwesenheit des Lebens. Leben ist das „Vermögen eines Wesens, seinen Vorstellungen gemäß zu handeln." Sind wir tot, können wir nicht mehr handeln. Der Tod ist – wie bereits Epikur (341-371/70 v. Chr.) betonte – kein Ereignis in unserem Leben. Kant führt aus: „Was der Tod sei, kann keiner wissen. Der Mensch, der in tiefer Ohnmacht liegt, und den man für tot hält, kann noch nicht aus Erfahrung sprechen. Niemand kann vom Tode etwas wissen, und wer die Macht verloren hat, äußere Bewegungen hervorzubringen, der mag empfinden, was er will, so kann man ihm dies alles nicht ansehen." Nahtoderfahrungen sind keine Erfahrungen vom Tod. In praktischer Perspektive ist der Tod für die Frage nach der Vereinbarkeit von Tugend und Glückseligkeit (dem Höchsten Gut) von Bedeutung. Würden wir nicht sterben, könnten wir auch nicht hoffen. Wir müssten wie Sisyphos auf ewig tätig sein, ohne Hoffnung auf einen Zustand, in dem unser tugendhaftes Streben mit Glückseligkeit vergolten werden wird.

> **Wer kann sich Sisyhpos schon als glücklichen Menschen vorstellen?!**

Selbstverlust

Für Kant besteht das größte Übel, das uns widerfahren kann, im Verlust unseres eigenen Selbst. Kein Mensch verzichtet freiwillig auf seine Fähigkeit, über sich selbst zu bestimmen. Verlieren wir uns selbst durch Krankheit und Siechtum, müssen wir dies akzeptieren. Als Naturwesen haben wir keine andere Wahl. Als moralische Wesen vermag uns die physische Vernichtung unseres Selbst jedoch nicht zu erschrecken. Als tugendhafte Menschen haben wir getan, was wir tun sollten. Und es besteht Hoffnung auf ein Leben nach dem Tod, das wir als sittliche Personen führen werden. In seiner Wertschätzung des Selbstbesitzes weiß sich Kant mit den antiken Philosophen der Stoa einig: „Der Selbstbesitz ..., der Gott der Stoiker, ist viel erhabener, als das stets fröhliche Gemüt des Epikur, denn ist man Meister über sich selbst, so ist man auch Herr über sein Glück und Unglück."

Menschenkenntnis in praktischer Absicht

Wer sich unter Menschen bewegt, wer verreisen und die Welt kennenlernen möchte, der ist gut beraten, auf die Erfahrungen von anderen Menschen zurückzugreifen. Welchen Gebrauch machen die Menschen von ihrer Freiheit? Wodurch zeichnen sich die verschiedenen Völker aus? Welche Sprache sprechen sie? Sind sie friedliebend oder aggressiv? Leben sie vom Reichtum der Natur, treiben sie Handel, welche Dinge stellen sie her? Wie schmücken sie sich? Wie erziehen sie ihre Kinder? Zu Fragen wie diesen hat sich Kant vor allem in seinen Vorlesungen über pragmatische Anthropologie und physische Geographie geäußert. Was die Darstellung fremder Völker betrifft, muss Kant auf die Reiseliteratur zurückgreifen. Einmal bemerkt er in einer Vorlesung: „Die Ostindianer sind zurückhaltend und behutsam, sie sehen alle wie Philosophen aus. Wenn sie von einem Europäer angeführt werden, so besänftigen sie ihn und entfernen sich gern, um nicht Streit zu haben." Mit Bedacht zieht Kant nicht den Umkehrschluss: Alle Philosophen sehen wie Ostindianer (Inder) aus.

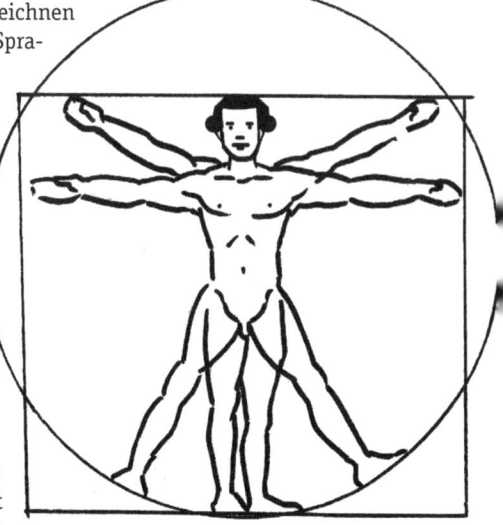

War Kant ein Rassist?

Kant unterscheidet zwischen dem Charakter einer Person, des Geschlechts, des Volks, der Rasse und der menschlichen Gattung. Es gibt nur eine Menschengattung, aber vier verschiedene Menschenrassen, die einen gemeinsamen Ursprung haben. Wie viele seiner Zeitgenossen ist er davon überzeugt, dass die weiße in kultureller wie zivilisatorischer Hinsicht einen Vorzug vor den anderen Menschenrassen hat. Kants Rassenlehre wird durch seine Ethik korrigiert. Alle Menschen werden frei geboren. Jeder einzelne Mensch verdient unsere Wertschätzung. Sklaverei, Willkürherrschaft und Erniedrigung widersprechen dem Moralgesetz. Die berühmtberüchtigte These des Göttinger Philosophen Christoph Meiners (1747-1810), wonach jede „Rasse" ihre „eigenen Gesetze" hat, ist unvereinbar mit Kants Philosophie der praktischen Vernunft.

Der lachende Philosoph

Über viele Jahrzehnte beschäftigt sich Kant mit dem Phänomen des Lachens. Das Lachen gehört zu unserer Natur, und ein Mensch ohne Witz muss ein rechter Dummkopf sein. Mit dem Alter wächst die Lust am Lachen: „... alte Leute möchten wohl den ganzen Tag spaßen und lachen." Doch Obacht! Physiologie, Gelegenheit und Tageszeit sind ebenfalls relevant: „Einem kleinen, dicken und fetten Mann steht das Lachen sehr gut an ... Fette Leute lachen sonderlich beim Essen gerne, überhaupt sucht man bei der Tafel nicht Gelehrsamkeit auszukramen, sondern gerne lustig Zeit auf die Bahn zu bringen." Ein „langer und hagerer Mensch" ist dagegen gar „nicht zum Lachen gemacht." Über kleine dünne und kleine hagere Menschen äußert sich Kant leider nicht. Seine berühmte Definition des Lachens findet sich in der *Kritik der Urteilskraft*: „Das Lachen ist ein Affekt aus der plötzlichen Verwandlung einer gespannten Erwartung in nichts." Das Lachen „muß unschuldig sein, es muß eine Fröhlichkeit sein, die sich allen kommuniziert."

Kant erzählt einen Witz

Um den Studenten Gelegenheit zur Überprüfung seiner Auffassung des Lachens zu geben, erzählt Kant auch gerne einmal einen Witz. Einer geht so: „In Frankreich hatte eine Baukommission eine Brücke über einen Fluss schlagen lassen. Da sie nun fertig war, so wollten sie selbige besehen. Es wurde daher unweit derselben eine Mahlzeit bestellt, und sie fuhren dahin. Wie sie über dem Essen waren, ging ein Mann aus der Gascogne an der Brücke hin und her. Man sah ihm zu, bis einer aus der Gesellschaft auf die Gedanken geriet, er müsste von ihrem Metier sein. Sie beschlossen daher ihn zur Mahlzeit einzuladen. Er kam und ließ es sich gut schmecken. Über dem Essen wurde über die Brücke diskutiert. Der Gascognier aß immer fort und sagte kein Wort. Als sie sahen, dass er satt war, frugen sie ihn um seine Meinung von der Brücke, die er so lange betrachtet hatte. ,Ich dachte', sagte er, ,ihr habt's recht gut gemacht, dass ihr die Brücke quer über den Fluss geschlagen habt. Denn hättet ihr sie in der Länge bauen wollen, so wäret ihr nie zu Ende gekommen.'"

Der gesellige Philosoph

Kant schätzt die Geselligkeit. Sie vertreibt nicht nur unsere Langeweile, sie ist auch eine Vorstufe der Sittlichkeit. Wer Geschmack erwerben will, muss sich in Gesellschaft begeben: „Der Geschmack ist eine Folge der Geselligkeit, und seine Bildung eine Ausbildung des Menschen, in Ansehung seiner wahren Vollkommenheit, die ihn der Sittlichkeit näher bringt. Je mehr der Geschmack bei dem Menschen ausgebildet wird, desto mehr ist er empfänglich und fähig, in die gute Denkart überzugehen." Der Geschmack stellt eine „Vorbereitung zur Besserung der Menschen" dar. Er bereitet uns auf die Sittlichkeit vor, weil er auf die Unparteilichkeit des eigenen Urteils zielt. In den Gefühlen der Menschen ist „etwas Allgemeines …, und ein Mensch hat Geschmack, wenn er einer solchen Art zu empfinden fähig ist, daß sie mit vieler Anderen Empfindungen übereinstimmt." Auch die Mode gründet „sich auf Geselligkeit; es wird etwas allgemein angenommen, nicht weil es schön ist, sondern weil man sich gern vor Andern auszeichnen will. … Die Neuigkeit muß mit diesem allgemeinen Gebrauche verbunden sein, und etwas hört auf Mode zu sein, wenn es allgemeiner Gebrauch wird." Übrigens soll „der Herr Magister Kant der galanteste Mann von der Welt" gewesen sein, „bordierte Kleider" getragen und „alle Coterien" (Cliquen, Klüngel) besucht haben. Auch als Liebesbote (*„postillon d'amour"*) soll er sich verdient gemacht haben. Kant, der gesellige Philosoph eben.

Exkurs: Das Zeitalter der Geselligkeit

Das 18. Jahrhundert ist das Zeitalter der Geselligkeit. Die Menschen suchen den zweckfreien, durch Freundschaft, Zuneigung und Liebe getragenen Austausch mit anderen Personen, schreiben sich lange affektierte Briefe, finden sich in Gesellschaften zusammen und tauschen sich in Salons und Tischgesellschaften im freien Gespräch über Gott und die Welt aus. Die bürgerliche Gesellschaft formiert sich, organisiert sich nach Prinzipien, die Verbindungen und Verbindlichkeiten im Idealfall zwischen Freien und Gleichen schaffen. Geselligkeit setzt die Bereitschaft voraus, das Urteil und die Perspektive der Anderen ernst zu nehmen. Wer ein geselliges Leben führt, möchte Freundschaften schließen und sich bilden.

Alle praktische Lust kennt Schmerz

Der Mensch ist ein fühlendes Wesen, er empfindet Lust und Unlust (Schmerz). Er ist traurig und fröhlich, er weint und lacht. Wäre das Glück der oberste Zweck, den die Natur uns auf Erden gesetzt hat, wäre es schlecht um uns bestellt. Denn wir können niemals vollumfänglich glücklich sein. Das hat nach Kant zwei Gründe. Zum einen sind unsere Vorstellungen vom Glück inhaltlich unbestimmt und veränderlich. Und zum anderen empfinden wir als praktische Subjekte niemals so etwas wie reine Lust. Keine Lust ist unbegrenzt, jedes Vergnügen setzt einen Schmerz voraus. Die Natur hat es so eingerichtet, dass der Grund des Vergnügens die Überwindung eines Schmerzes ist. „Der Schmerz ist uns zum Stachel gegeben, um in uns Tätigkeit hervorzubringen."

Lob der Arbeit

Die tätige Überwindung des Schmerzes fördert unser Lebensgefühl. Der einst von Aristoteles vertretenen Auffassung, wonach die höchste Lebensform des Menschen die der kontemplativen Erkenntnis unvergänglicher Wahrheiten (bios theoretikos) sei, vermag Kant nichts abzugewinnen. Der Mensch ist zur Tätigkeit, zur Verfolgung von Zwecken bestimmt. Sie befreit uns vom Schmerz. So ist selbst das Denken Arbeit. „Die Arbeit ist die beste Art, die Zeit zu vertreiben, und die Zeit wird nicht anders ausgefüllt, als durch Arbeit; denn die Vergnügen berauben sich selbst ihres eigenen Genusses, und werden mit der Zeit schal. Arbeit ist aber eine erzwungene Beschäftigung, und unterscheidet sich von der Muße dadurch, daß sie Beschwerden bei sich führt, die man nur eines Zweckes wegen übernimmt. ...
Da die Arbeit aber doch nichts weiter, als eine Bemühung ist, so kann sie dazu dienen, uns des Glücks des Lebens fähig zu machen, indem sie den Schmerz abhält; denn über der Arbeit vergessen wir die unnennbaren Leiden, die uns immer verfolgen." Die Arbeit macht uns glücklich, weil sie uns den Schmerz zu vergessen hilft. Dies ist kein positiver, es ist ein negativer Glücksbegriff.

> Mensch, über WELCHEN Schmerz habe ich mich vorhin nochmal erregt?

Apologie des geistigen Getränks

Der Verzehr geistiger Getränke ist ein Mittel zur Beförderung zugleich unserer Geselligkeit und Glückseligkeit. Allerdings ist der zum Rausch gesteigerte Trunk verdammenswert. „Der Trunk als ein Mittel, die Glückseligkeit zu befördern, ist nicht tadelhaft; freilich, wenn er zum Rausche wird, so stört er das Vergnügen der Gesellschaft; aber ehe er zum Rausche steigt, heitert er die Gesellschaft auf, weil er das Gespräch und die Laune befördert, und die Zurückhaltung wegnimmt, die allen Menschen in Ansehung dessen beiwohnt, was schicklich ist. ... Wir sind erfreut, wenn wir den Zwang des Gezierten los werden können." Vermutlich spricht Kant aus eigener Erfahrung, wenn er in einer Vorlesung vom Winter 1781/82 ausführt, dass „Menschen, wenn sie mit ihren guten Freunden an der Tafel sind, am allervergnügtesten sind, weil sie wissen, daß, wenn ihnen auch ein unüberlegter Ausdruck entfahren sollte, er Niemanden beleidigen wird." Herrlich seine Kritik an der moralistischen Spießigkeit seiner Zeitgenossen: „Unsere Zeiten sind mehr Zeiten der Nüchternheit; ob dies aber eine Verbesserung unserer Moralität beweiset, ist eine Frage." Sagt dies der Philosoph des kategorischen Imperativs? Ja, so steht es geschrieben.

Anthropologie des Trunks

Betrinkt sich ein Mensch allein in seinem Zimmer, ist er „niederträchtig". Denn die Geselligkeit ist „das Einzige, weshalb man den Menschen den Trunk empfehlen", weshalb man ihn entschuldigen kann. Aus diesem Grunde verurteilt Kant auch den Genuss von Branntwein. Denn sein Genuss macht uns stumm. Kant äußert sich auch zur Wirkung des Alkohols auf die verschiedenen Nationen. Gut, wenn man sich auch auf eine römische Autorität berufen kann. „Tacitus sagt, die Teutschen faßten ihre Ratschlüsse beim Trunke, damit sie voll Nachdruck waren, und überlegten sie, wenn sie nüchtern waren, damit sie gut ausgeführt würden; und das war bei einer solchen Nation, als die Teutschen damals waren, auch wohl nötig." Schon zu Kants Zeiten schien Europa in eine nördliche und in eine südliche Hemisphäre gespalten zu sein: „... in Europa sind die Menschen im südlichen Himmelstriche nüchterner als im nördlichen, und es scheint auch, daß der Trunk den letzteren mehr angemessen sei, und mit ihrer Laune besser zusammenstimme. ... Es mag die Nüchternheit den südlichen Völkern nicht zur Tugend angerechnet werden, so wie der Trunk den nördlichen nicht zum Laster."

Das philosophische Werk

Kants philosophisches Werk ist umfangreich, aber es ist kein Fass ohne Boden. In der seit dem Jahre 1900 erscheinenden sogenannten Akademie-Ausgabe der *Gesammelten Schriften* umfassen die von ihm selbst publizierten oder zur Publikation autorisierten Schriften nur neun Bände. Hinzu treten der Briefwechsel, der handschriftliche Nachlass (Reflexionen, Vorarbeiten zu den publizierten und Entwürfe zu Arbeiten, die Kant nicht abgeschlossen hat) sowie die studentischen Nachschriften seiner Vorlesungen aus vier Jahrzehnten. Die Ausgabe ist bis zum heutigen Tag nicht abgeschlossen. Einiges Material ist seither neu entdeckt und an anderer Stelle veröffentlicht worden. In zahlreichen Fällen sind editorisch modernere Ausgaben außerhalb der Akademie-Ausgabe erschienen. Vor einigen Jahren ist die Überarbeitung von Teilen der *Gesammelten Schriften* beschlossen worden. – Wir müssen Geduld haben.

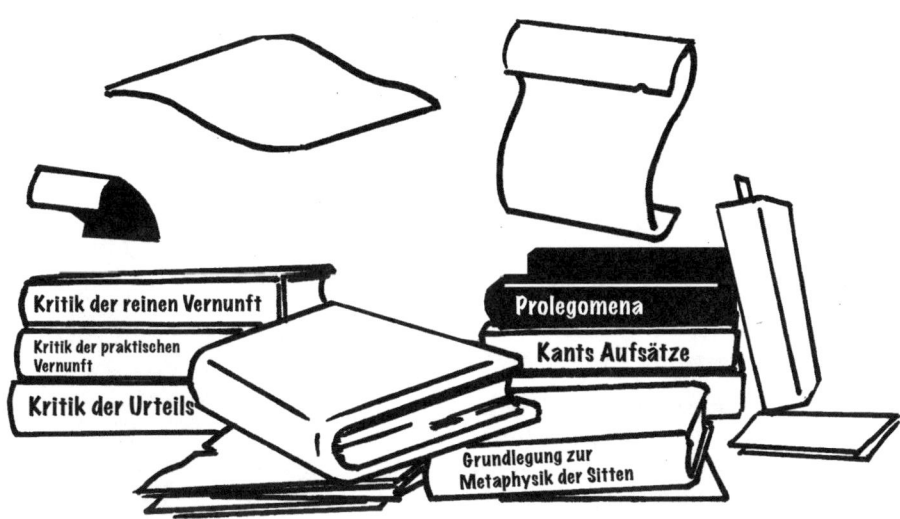

Der vorkritische und kritische Kant

Traditionell wird zwischen den vorkritischen und den kritischen Schriften Kants unterschieden. Wenn auch nicht unumstritten, ist sie für die Orientierung hilfreich. Das kritische Werk beginnt mit der Publikation der *Kritik der reinen Vernunft* im Jahre 1781. Eine in wichtigen Teilen revidierte zweite Auflage erscheint 1787. Es ist *das* Werk der neuzeitlichen Philosophie. Ende 1787 (auf dem Titelblatt steht 1788) erscheint die so genannte zweite Kritik, die *Kritik der praktischen Vernunft*, 1790 die *Kritik der Urteilskraft*. Von epochaler Bedeutung ist auch die Publikation der *Grundlegung zur Metaphysik der Sitten*, in der Kant 1785 seine Lehre vom kategorischen Imperativ und das Prinzip der Autonomie erläutert. Erwähnt seien auch die 1783 erschienenen *Prolegomena zu einer jeden künftigen Metaphysik die als Wissenschaft wird auftreten können*. In ihr versucht Kant die Aufmerksamkeit auf sein kritisches Hauptwerk zu lenken und es gegen Einwände zu verteidigen. 1784 erscheint sein berühmter Aufsatz: *Was ist Aufklärung?* in der *Berlinischen Monatsschrift*, 1793 seine Religionsschrift, die ihm Probleme mit der Zensur bereiten wird. In der Schrift *Zum ewigen Frieden* (1795) diskutiert Kant die ethisch-rechtlichen Grundlagen politischen Handelns.

Die Wende zur Freiheit

Kaum ein Philosoph der Neuzeit hat es versäumt, sich zum Begriff und zur Bedeutung der Freiheit zu äußern. Aber keiner hat dies auf die Art des aus Genf stammenden Philosophen Jean-Jacques Rousseau (siehe unten) getan. Seiner Ansicht nach ist die Freiheit alles. Ohne sie wäre der Mensch ein Tier. Wer frei ist, hat das Recht, über sich selbst zu bestimmen. Freiheit und Gesetz sind vereinbar, weil wir uns einem Gesetz, wenn wir es uns selbst geben, nicht sklavisch unterwerfen. Aus dem freien Willen der Tradition wird der allgemeine Wille („volonté générale"). Anfang der sechziger Jahre verschlingt Kant die unmittelbar nach ihrer Originalpublikation in deutschen Übersetzungen vorliegenden *Emile* und den *Gesellschaftsvertrag* (beide 1762). Er ist elektrisiert. Von nun an wird seine Philosophie um die Freiheit des Menschen kreisen. Der Mensch ist nicht nur Natur, sondern in erster Linie ein sittliches Wesen. Die Metaphysik ist als Metaphysik der Natur *und* als Metaphysik der Sitten zu entwickeln. Der Mensch muss kein „sehr großer Räsoneur und ein tiefer Metaphysiker" (Rousseau) sein, um das Sittengesetz zu erkennen. Jeder einzelne Mensch kennt es. Alle Menschen haben Würde. Nebenbei leuchtet Kant ein, dass Rousseaus Begriff der Freiheit eine großartige Theodizee impliziert: Ist der Mensch frei geboren, dann ist er selbst für alles Gute und Böse in der Welt verantwortlich. Alles kommt auf den Gebrauch an, den der Mensch von seiner Freiheit macht. In der Moral liegt die „ganze Bestimmung des Menschen".

> **Wer auf seine Freiheit verzichtet, verzichtet auf sein Menschsein, auf die Menschenrechte, ja selbst auf seine Pflichten. Ein solcher Verzicht ist mit der Natur des Menschen unvereinbar, und man entzieht, wenn man seinem Willen alle Freiheit nimmt, seinen Handlungen allen sittlichen Wert.**

Exkurs: Jean-Jacques Rousseau (1712-1778)

Der Einfluss von Rousseaus Schriften auf die intellektuellen Debatten seiner Zeit ist immens. Rousseau ist Kulturkritiker, denkt über die Gründe der Ungleichheit unter den Menschen und die Grundlagen der Gesellschaft nach. Er verfasst politische Schriften und erregt mit seinen *Bekenntnissen* (1770) Aufsehen. Der *Emile* und der *Gesellschaftsvertrag* werden verbrannt. Rousseau flieht 1765 nach England und kehrt zwei Jahre später nach Frankreich zurück. Anfänglich von Hume in England unterstützt, kommt es zu einem öffentlichen Disput zwischen den beiden Männern, an dem ganz Europa Anteil nimmt. Rousseau wird eine paranoide Geisteshaltung nachgesagt.

Selbstbekenntnis

In einer unter dem Eindruck seiner Rousseau-Lektüre verfassten Reflexion versucht Kant sich Klarheit über seinen Standpunktwechsel zu verschaffen: „Ich bin selbst aus Neigung ein Forscher. Ich fühle den ganzen Durst nach Erkenntnis und die begierige Unruhe darin weiter zu kommen oder auch die Zufriedenheit bei jedem Erwerb. Es war eine Zeit, da ich glaubte, dieses allein könnte die Ehre der Menschheit machen, und ich verachtete den Pöbel, der von nichts weiß. *Rousseau* hat mich zurecht gebracht. Dieser verblendende Vorzug verschwindet, ich lerne die Menschen ehren, und ich würde mich weit unnützer finden wie den gemeinen Arbeiter, wenn ich nicht glaubte, daß diese Betrachtung allen übrigen einen Wert erteilen könne, die Rechte der Menschheit herzustellen." In Kants Arbeitszimmer soll als einziger Wandschmuck ein Portrait von Rousseau gehangen haben.

Auf dem Weg zur Kritik

Die letzte bedeutende Publikation, die Kant vor 1781 in den Druck gibt, ist eine akademische Pflichtschrift, die er anlässlich der Übernahme der Professur in lateinischer Sprache verfassen und öffentlich verteidigen muss. Ihr deutscher Titel lautet *Von der Form und den Prinzipien der Sinnen- und Verstandeswelt* (1770). Mit ihr legt Kant die ersten Grundlagen seiner kritischen Philosophie. Er zeigt sich davon überzeugt, dass Raum (die Form des äußeren Sinnes) und Zeit (die Form des inneren Sinnes) die Formen unserer Anschauung der Sinnenwelt sind. Erkennen wir ein in unserer Sinnlichkeit gegebenes Objekt, dann erkennen wir es aufgrund unserer Anschauungsformen immer als ein zugleich räumlich und zeitlich bestimmtes Objekt. Weil Kant in den siebziger Jahren weiter nichts philosophisch Relevantes publiziert, spricht die Forschung vom „Schweigenden Jahrzehnt". Kant mag schweigen, aber er schläft nicht. Intensiv arbeitet er nach 1770 an dem Projekt einer Kritik der Vernunft. Ohne Kritik muss Metaphysik ein uneinlösbares Versprechen bleiben. Die *Kritik der reinen Vernunft* wird er einen „Traktat von der Methode" nennen. Sie handelt von dem Weg, der zur Metaphysik als Wissenschaft führt.

Der Briefwechsel mit Marcus Herz

Anfang der siebziger Jahre schreibt Kant Briefe an seinen Schüler und Freund Marcus Herz (1747-1803, siehe links). Der jüdische Philosoph und Mediziner ist besonders gut mit Kants Denken vertraut. Vor seiner Abreise nach Berlin beteiligt er sich als Respondent an Kants Inauguralverfahren. Seine durchaus kritischen Ausführungen zu Kants neuartiger Lehre von Raum und Zeit erscheinen 1771 unter dem Titel *Betrachtungen aus der spekulativen philosophischen Weltweisheit*. Am 21. Februar 1772 schreibt Kant an Herz, dass er nach dessen Abreise ein Werk mit dem Titel *Die Grenzen der Sinnlichkeit und der Vernunft* plane. Doch leider fehle ihm zur Durchführung noch „etwas Wesentliches ..., welches ich bei meinen langen metaphysischen Untersuchungen, sowie andere, aus der Acht gelassen hatte und welches in der Tat den Schlüssel zu dem ganzen Geheimnisse der bis dahin sich selbst noch verborgenen Metaphysik ausmacht. Ich frug mich nämlich selbst: auf welchem Grunde beruhet die Beziehung desjenigen, was man in uns Vorstellung nennt, auf den Gegenstand?"

Die *Kritik der reinen Vernunft*

In einem Alter, in dem es erlaubt sein mag, den einen oder anderen Gedanken an die Pensionsansprüche zu verlieren, publiziert Kant die *Kritik*. Er ist jetzt 57 Jahre alt. Dass, wie es in Psalm 90 heißt, das Leben 70 Jahre währet, ist für einen Menschen des 18. Jahrhunderts eine optimistische Behauptung. Kant ist sich dessen bewusst. Und er hat noch so viel vor. Die *Kritik* ist nicht der Abschluss, sie stellt den Beginn einer mehr als 15 Jahre umfassenden Phase der geistigen Produktivität dar, die Epoche machen wird. Der Publizist, Materialist und Aufklärer Karl von Knoblauch (1756-1794) tituliert Kant 1786 als „Fürst der teutschen Denker". Das sehen leider nicht alle so. Dem Marburger Philosophen Johann Bering (1748-1825) wird im September 1786 durch die Regierung von Hessen-Kassel untersagt, eine Vorlesung über Kants *Metaphysische Anfangsgründe der Naturwissenschaft* zu halten. Man sei sich nicht im Klaren darüber, „was von des Kants Schriften überhaupt zu halten sei, insbesondere ob solche zum Scepticismo Anlass gäben, mithin die Gewissheit der menschlichen Erkenntnis übergrüben". Das Edikt wird Ende 1787 aufgehoben.

Immanuel Kant
Metaphysische Anfangsgründe der Naturwissenschaft

Hume erweckt Kant aus dem dogmatischen Schlummer

Die Dinge affizieren (berühren) unsere Sinnlichkeit, rufen Vorstellungen in uns hervor. Wie aber ist es möglich, dass wir einen Gegenstand erkennen können, wenn doch die Formen unserer Anschauung (Raum und Zeit) und die Formen unseres Denkens (die reinen Verstandesbegriffe oder Kategorien) keine Eigenschaften der Dinge an sich selbst sind? Wie ist die „Übereinstimmung" zu verstehen, die unsere Vorstellungen (die Materie des Denkens) „mit den Gegenständen haben"? In den *Prolegomena* von 1783 bekennt Kant, dass es David Hume gewesen sei, dessen skeptische Angriffe gegen die Möglichkeit einer begrifflich notwendigen (apriorischen) Verknüpfung zwischen Ursache und Wirkung seiner Philosophie eine neue „Richtung" gegeben hat. „Ich gestehe frei: die Erinnerung des *David Hume* war eben dasjenige, was mir vor vielen Jahren zuerst den dogmatischen Schlummer unterbrach und meinen Untersuchungen im Felde der spekulativen Philosophie eine ganz andre Richtung gab."

Hume schlug einen „Funken", der in ihm ein „Licht" anzündete. Den die Möglichkeit der apriorischen Verknüpfung zwischen gegebenen Vorstellungen und den Formen der Anschauung und des Denkens aufweisenden Gedankengang nennt Kant die „transzendentale Deduktion der reinen Verstandesbegriffe". Dank Hume erkennt Kant ein Problem, das alle anderen Philosophen in ihrer dogmatischen Überheblichkeit oder skeptischen Nachlässigkeit übersehen haben.

> Aus dem dogmatischen Schlummer erwachen und eine neue Metaphysik begründen wollen? Das kann ich nicht verstehen. Bücher über Theologie und Metaphysik, die sich nicht zur Mathematik und zu Tatsachen äußern, sollten den Flammen übergeben werden. Sie enthalten nur Sophisterei und Blendwerk.

Exkurs: David Hume (1711-1776)

Der schottische Philosoph und Historiker David Hume, der wegen seiner religionskritischen Ansichten keine Professur erhielt, gehört zu den prägenden Gestalten der Aufklärung. Als scharfsinniger Kritiker von Rationalismus und Metaphysik vertritt er einen gemäßigten Skeptizismus. Seiner Auffassung nach gibt es keine Seelensubstanz. Alle unsere Erkenntnisse beruhen auf Beobachtung und Erfahrung. Die Verknüpfung von Ursache und Wirkung beruht auf unserer Einbildungskraft, nicht auf Begriffen des Verstandes. Denken heißt fühlen. Kant hat Hume, dessen Schriften er in deutscher Übersetzung liest, sehr geschätzt. Selbst Humes 1779 postum erschienene *Dialoge über natürliche Religion* berücksichtigt er bei der Endredaktion der *Kritik*.

Metaphysik als Wissenschaft?

Es ist zum Verzweifeln. Seit den Tagen von Aristoteles (384-322 v. Chr.) bemühen sich Philosophen darum, die Metaphysik als eine ordentliche Wissenschaft zu etablieren. Doch sie sind alle gescheitert. Wie ist das zu erklären? Liegt es daran, dass eine solide Metaphysik gar nicht möglich ist, wie die Skeptiker seit alters her behaupten? Oder ist vielleicht ein Problem, eine Aufgabe, eine Methode oder eine Perspektive auf dem Weg zur Metaphysik nicht beachtet, schlicht übersehen worden? Kant ist sich sicher: Metaphysik ist eine in unserer Vernunft angelegte Wissenschaft. Schließlich gibt es auch Mathematik und Naturwissenschaft, deren Aussagen mit Notwendigkeit gelten. Zwar weist ein Philosoph wie Hume den Gedanken einer begrifflich notwendigen Verknüpfung von Ursache und Wirkung zurück. Aber selbst der größte Skeptiker muss zugestehen, dass 7 + 5 = 12 ist. Damit liegen die Karten auf dem Tisch: Die Frage nach der Möglichkeit von Metaphysik als Wissenschaft muss in ihrer möglichst allgemeinsten Fassung formuliert werden. Es geht nicht nur um Metaphysik. Es geht vielmehr darum, den Grund von Urteilen (Aussagen) zu erkennen, die unsere Erkenntnis erweitern *und* mit Notwendigkeit gelten. Kant nennt diese Urteile synthetische Urteile a priori. Doch wie sind diese Urteile möglich? Heureka! Endlich ist die Aufgabe gefunden, die der Philosoph auf dem Weg zur Metaphysik lösen muss. Kant setzt sich an die Arbeit und legt 1781 die Ergebnisse vor.

Wie sind synthetische Urteile a priori möglich?

Urteile (Aussagen), die unsere Erkenntnis erweitern und mit Notwendigkeit gelten = Synthetisches Urteil a priori

Na, wer hat die Lösung?

Wie sind synthetische Urteile a priori möglich?

Das sind harte Worte: Mehr als 2000 Jahre haben selbst die klügsten Philosophen die Aufgabe nicht verstanden, die es zu lösen gilt. Ungenügend. Erst der in den Augen der metaphysikbegeisterten Kollegen windige Hume hat zumindest geahnt, dass es mit der Analyse von gegebenen Begriffen (analytische Methode) nicht getan sein kann. „Die eigentliche Aufgabe der reinen Vernunft ist nun in der Frage enthalten: *Wie sind synthetische Urteile a priori möglich?* Daß die Metaphysik bisher in einem so schwankenden Zustande der Ungewißheit und Widersprüche geblieben ist, ist lediglich der Ursache zuzuschreiben, daß man sich diese Aufgabe und vielleicht sogar den Unterschied der *analytischen* und *synthetischen* Urteile nicht früher in die Gedanken kommen ließ."

Analytische und synthetische Urteile

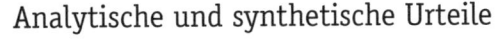

Der menschliche Verstand ist diskursiv verfasst. Unser Denken äußert sich in Urteilen, mittels derer wir unsere Vorstellungen und Begriffe miteinander verknüpfen (synthetisieren) und in einem einzigen Bewusstsein vereinigen. „Denken aber ist: Vorstellungen in einem Bewußtsein vereinigen. ... Die Vereinigung der Vorstellungen in einem Bewußtsein ist das Urteil. Also ist Denken soviel als Urteilen oder Vorstellungen auf Urteile überhaupt beziehen." Es gibt drei verschiedene Urteilsarten: Ein analytisches Urteil erweitert unsere Erkenntnis nicht, sondern drückt mit dem Prädikat des Satzes nur aus, was im Subjektbegriff schon enthalten ist („Ein Junggeselle ist ein unverheirateter Mann"). Ein synthetisches Urteil erweitert unsere Erkenntnis, weil dem Subjekt ein Prädikat zugeschrieben wird, welches nicht in ihm enthalten ist. Beruht die Geltung eines synthetischen Urteils auf Erfahrung („Kant war ein Junggeselle"), handelt es sich um ein synthetisches Urteil *a posteriori*. Die Aufgabe besteht nun darin, die Möglichkeit von synthetischen Urteilen *a priori* nachzuweisen. Diese notwendig geltenden Erweiterungsurteile beruhen nicht auf Erfahrung, sondern stellen die Bedingung der Möglichkeit einer einheitlichen Erfahrung dar. Gäbe es sie nicht, hätte Hume Recht. Alle synthetischen Urteile wären a posteriori gültig. Metaphysik wäre ein Hirngespinst.

Kant wird sich umfangreich auf mich beziehen?! Gerne. Der tugendhafte Mensch verspürt Freude, wenn er anderen einen Dienst erweisen kann.

Exkurs: Aristoteles (384–322 v. Chr.)

Im Mittelalter hieß der bedeutende griechische Philosoph und Erzieher von Alexander dem Großen einfach „der Philosoph" (philosophus). Stellt Aristoteles (siehe oben) eine Behauptung auf, wird sie schon wahr sein („philosophus dixit"). Seine Schriften zur Metaphysik, Ethik, Logik, Politik, Rhetorik und Naturlehre wirken bis auf den heutigen Tag. Kant bezieht sich immer wieder auf ihn. Seiner Auffassung nach hat der große Grieche die Logik in den Rang einer Wissenschaft erhoben, an der nichts zu verbessern ist. In der *Kritik* greift Kant zur Verwunderung seiner Leser auf die Sprache der aristotelischen Logik (Analytik, Dialektik, Kategorie, Analogien etc.) zurück. Im Bereich der praktischen Philosophie kritisiert Kant Aristoteles' Lehre von der Tugend als der Mitte zwischen zwei Lastern. An ihre Stelle setzt er seine Lehre vom kategorischen Imperativ.

Die kopernikanische Revolution

Um die Erfahrung ermöglichenden Leistungen des menschlichen Bewusstseins zu erkennen, schlägt Kant in der *Kritik* eine „gänzliche Revolution" im Verfahren der Metaphysik vor. Wir müssen unsere Denkungsart ändern, um den Umfang und die Grenzen unserer Erkenntnisse präzise bestimmen zu können. „Man versuche es daher einmal, ob wir nicht in den Aufgaben der Metaphysik damit besser fortkommen, daß wir annehmen, die Gegenstände müssen sich nach unserem Erkenntnis richten ... . Es ist hiermit ebenso, als mit den ersten Gedanken des *Kopernikus* bewandt, der, nachdem es mit der Erklärung der Himmelsbewegungen nicht gut fort wollte, wenn er annahm, das ganze Sternenheer drehe sich um den Zuschauer, versuchte, ob es nicht besser gelingen möchte, wenn er den Zuschauer sich drehen, und dagegen die Sterne in Ruhe ließ." Die Revolution der Denkungsart ist vielversprechend: „Wenn die Anschauung sich nach der Beschaffenheit der Gegenstände richten müßte, so sehe ich nicht ein, wie man a priori von ihr etwas wissen könne; richtet sich aber der Gegenstand (als Objekt der Sinne) nach der Beschaffenheit unseres Anschauungsvermögens, so kann ich mir diese Möglichkeit ganz wohl vorstellen."

Merke: Der Gegenstand richtet sich nach der Beschaffenheit unseres Anschauungsvermögens und nicht umgekehrt, unsere Anschauung nach der Beschaffenheit der Gegenstände.

Der Mensch als Gesetzgeber

Der Mensch ist qua seiner reinen Vernunft der Gesetzgeber der Natur? Eine seltsam anmutende These. Lernen wir nicht schon im Kindergarten, dass wir die Natur erforschen müssen, bevor wir sie erkennen können? Kant bezweifelt dies nicht. Die Auswirkungen von Ebbe und Flut auf die im Wattenmeer lebenden Tiere können ohne konkrete Erfahrungen ebenso wenig erkannt werden wie die Wirkung des Alkohols auf den menschlichen Körper. Dennoch werden uns die Gegenstände der Erfahrung nicht einfach so gegeben. Alle unsere Aussagen über die Natur erfolgen unter Rückgriff auf die Bedingungen *unserer* Erkenntnisvermögen. Die Natur ist immer Natur für uns. Sollte nun der Nachweis gelingen, dass es notwendig geltende Prinzipien unserer Erfahrung gibt, dann müssen sie ihren Ursprung in uns selbst, in der Art und Weise haben, wie wir anschauen und denken. Würden wir die Natur in unserem Denken einfach nur abbilden, gäbe es, davon ist Kant überzeugt, weder echte Naturwissenschaft noch Freiheit des Willens.

Der Kampfplatz der Metaphysik

Die *Kritik der reinen Vernunft* ist für ihre zahlreichen Metaphern berühmt. In der Vorrede spricht Kant von der Metaphysik als einem „Kampfplatz ... endloser Streitigkeiten". Anfangs herrschte die Metaphysik als *„Königin* aller Wissenschaften" unter der Verwaltung der Dogmatiker despotisch. Doch weil ihre Gesetzgebung noch Spuren der alten Barbarei zeigt, so artete ihre Herrschaft „durch innere Kriege nach und nach in völlige *Anarchie* aus und die *Skeptiker*, eine Art Nomaden, die allen beständigen Anbau des Bodens verabscheuen, zertrennten von Zeit zu Zeit die bürgerliche Vereinigung." Doch die Skeptiker blieben in der Minderheit. Immer wieder gab es Versuche, die Herrschaft der Metaphysik neu zu errichten. Kant möchte Frieden stiften. Ruhe soll einkehren. Jeder soll bekommen, was ihm zukommt. Wie kann der Streit zwischen Dogmatikern und Skeptikern geschlichtet werden? Er verweist auf John Lockes Versuch, mittels einer „Physiologie des menschlichen Verstandes" über die Ansprüche beider Kontrahenten zu entscheiden. Doch dieser Versuch misslingt. Mit den Mitteln des Empirismus kann er nicht beigelegt werden. Es ist die reine Vernunft, die über sich selbst Gericht sitzen muss. Selbsterkenntnis durch Kritik tut Not. Die reine Vernunft muss „einen Gerichtshof" einsetzen, der über ihre gerechtfertigten und ungerechtfertigten Ansprüche urteilt. Dieser Gerichtshof „ist kein anderer als die *Kritik der reinen Vernunft* selbst." Gute Nachrichten für Kant: Er darf den Gerichtshof einrichten und das Verfahren protokollieren. Die reine Vernunft tagt in Kants Studierstube.

Meine Herren, entspannen Sie sich! Die reine Vernunft wird vermitteln. Jeder bekommt, was ihm zusteht!

Das Zeitalter der Kritik

Kant verknüpft mit seiner Idee einer Vernunft, die über sich selbst richten muss, einen zugleich zeitdiagnostischen und normativen Anspruch, dem sich nichts und niemand entziehen kann: „Unser Zeitalter ist das eigentliche Zeitalter der Kritik, der sich alles unterwerfen muß. *Religion*, durch ihre *Heiligkeit*, und *Gesetzgebung*, durch ihre *Majestät*, wollen sich gemeiniglich derselben entziehen. Aber alsdann erregen sie gerechten Verdacht wider sich und können auf unverstellte Achtung nicht Anspruch machen, die die Vernunft nur demjenigen bewilligt, was ihre freie und öffentliche Prüfung hat aushalten können." Drei Jahre später wird er vom „Zeitalter der *Aufklärung*" sprechen. Keine Aufklärung ohne Kritik, Aufklärung durch Kritik.

Anschauung und Begriffe

In der *Kritik* unterscheidet Kant zwischen dem Vermögen der Rezeptivität oder der Sinnlichkeit auf der einen und der Spontaneität oder dem Verstand auf der anderen Seite. Die beiden Formen unserer sinnlichen Anschauung sind Raum und Zeit, die Formen des Verstandes nennt Kant Kategorien oder (im Falle ihres Vernunftgebrauchs) Ideen. Raum und Zeit sind Thema der transzendentalen Ästhetik, die Begriffe des Verstandes und der Vernunft werden in der Transzendentalen Logik (Analytik und Dialektik) behandelt. Seiner Ansicht nach haben die Begriffe des Verstandes nur dann eine objektive Bedeutung, wenn sie sich auf Anschauungen beziehen. Unter dieser Bedingung haben die subjektiven Bedingungen unserer Sinnlichkeit (Raum und Zeit) und unseres Denkens (Kategorien) eine objektive, weil gegenstandskonstitutive Bedeutung.

> Ohne Sinnlichkeit würde uns kein Gegenstand gegeben, und ohne Verstand keiner gedacht werden. Gedanken ohne Inhalt sind leer, Anschauungen ohne Begriffe sind blind.

Raum und Zeit

Kant gibt den Begriffen von Raum und Zeit eine radikal subjektive Interpretation. Isaac Newtons (1643-1727) Theorie des absoluten Raums und der absoluten Zeit lehnt er ab. Kants Ansicht nach wird unsere Sinnlichkeit von Dingen affiziert, die in uns Empfindungen (Vorstellungen) hervorrufen. Diese Empfindungen stellen das Material (den Inhalt) unserer Erkenntnis dar. Aber diese uns affizierenden Dinge besitzen selbst weder räumliche noch zeitliche Eigenschaften. Andere Lebewesen (etwa Fledermäuse) mögen andere Formen haben, in denen sie das in ihrer Sinnlichkeit gegebene Material wahrnehmen; bei uns Menschen jedoch liegen Raum und Zeit „im Gemüte a priori bereit". Mit ihnen geben wir dem sinnlichen Material unserer Erkenntnis unweigerlich eine bestimmte Struktur. Beziehen wir uns im Denken auf das in unserer Sinnlichkeit gegebene Material, beziehen wir uns immer auf etwas, was räumlich und zeitlich bestimmbar ist. Mit seiner Lehre von Raum und Zeit hat Kant die Grundlage für seinen Transzendentalen Idealismus gelegt: Wir erkennen die Dinge niemals so, wie sie an sich selbst beschaffen sein mögen. Wir erkennen sie immer so, wie sie uns erscheinen. Dieses Erscheinen ist allerdings kein Schein, sondern ein durch apriorische Gesetze bestimmter Erfahrungszusammenhang.

Die transzendentale Logik

Wer sich selbst erziehen und beherrschen will, wird letzten Endes immer auf seinen Verstand zurückkommen müssen. Auch der scheinbar so unabhängige und unlenkbare Wille gehorcht unfehlbar den Anweisungen des Verstandes.

Dass die Metaphysik ein Kampfplatz ist, kann kein Zufall sein. Die reine Vernunft erhebt sich ihrer eigenen Natur nach über die Bedingung unserer Erfahrung und verlangt zu wissen, ob Gott existiert, der Wille frei und die Seele eine unsterbliche Substanz ist. Sie fragt nach den ersten oder letzten Bedingungen des empirisch Bedingten, nach dem Unbedingten also. Das kann nicht gut gehen. Sie gerät in eine Antithetik, in einen dialektischen Widerstreit mit sich selbst. Kant nennt ihn die „Antinomie der reinen Vernunft". Die These der Antinomie scheint ebenso gut begründet wie ihre Gegenthese zu sein. Wollen wir die reine Vernunft nicht dem Skeptiker preisgeben, muss es Kant gelingen, die Antinomie aufzuheben. Und genau dies beansprucht er auch durch den Aufweis von Ursprung, Umfang und Grenzen unserer Erkenntnis zu leisten. Wir müssen bescheiden sein. Die Gegenstände der Metaphysik (Gott, Freiheit und Unsterblichkeit) sind nur Ideen (Begriffe der Vernunft), die wir zwar denken, aber in ihrer Objektivität nicht mit den Mitteln der theoretischen (spekulativen) Vernunft förmlich zu erkennen vermögen. Ganz anders verhält es sich dagegen auf der Ebene des Verstandes. Seine Begriffe (Kategorien) haben objektive Bedeutung, weil und wenn sie auf unsere sinnlichen Anschauungen bezogen werden. Der Mensch ist der Gesetzgeber der Natur. Synthetische Urteile a priori sind möglich und wirklich, auch wenn wir niemals erkennen können, ob unsere Seele eine Substanz, der Wille frei ist und Gott existiert. Kant nennt die in der *Kritik* durchgeführte Wissenschaft, die „den Ursprung, den Umfang und die objektive Gültigkeit" unserer apriorischen Denkens und Erkennens bestimmt, die Transzendentale Logik.

Exkurs: John Locke (1632-1704)

Der englische Philosoph und Politiker John Locke (siehe oben) hat mit seinen erkenntnistheoretischen, politischen und pädagogischen Schriften einen maßgeblichen Einfluss auf die Diskussionen der Zeit ausgeübt. Er gehört zu den Begründern der modernen Konzeption der Menschenrechte. In seinem *Essay concerning Human Understanding* (1690) beschäftigt er sich mit „dem Ursprung, der Gewissheit und dem Umfang menschlicher Erkenntnis". Kant greift Lockes Programm auf, nicht ohne an die Stelle von dessen empirischer Physiologie des menschlichen Verstandes seine „transzendentale Kritik" zu setzen.

Die Begriffe des Verstandes

Der Verstand ist „ein Vermögen zu urteilen". Im Urteil wird ein Zusammenhang zwischen Subjekt und Prädikat hergestellt. Wahr oder falsch können nur Urteile (Sätze, Aussagen) sein, nicht einzelne Wörter oder Begriffe. Analysieren wir die logische Form des Urteils, erkennen wir, dass jedes Urteil eine bestimmte Quantität (allgemeine, besondere, einzelne), eine Qualität (bejahende, verneinende, unendliche), eine Relation (kategorische, hypothetische, disjunktive) und eine Modalität (problematische, assertorische, apodiktische) ausdrückt. Die logischen Funktionen des Denkens geben jedoch nicht nur beliebigen Vorstellungen in einem Urteil Einheit. Sie üben diese Funktion auch mit Blick auf die verschiedenen Vorstellungen unserer sinnlichen Anschauung aus. Kant nennt diese durch den Verstand ausgeübte Einheit unter unseren Vorstellungen stiftende Funktion der Verstandesbegriffe (Kategorien) die Synthesis. Wollen wir einen Gegenstand erkennen, dann müssen wir die in unserer Sinnlichkeit (in Raum und Zeit) gegebene Vorstellungen unter die Einheit des Denkens bringen.

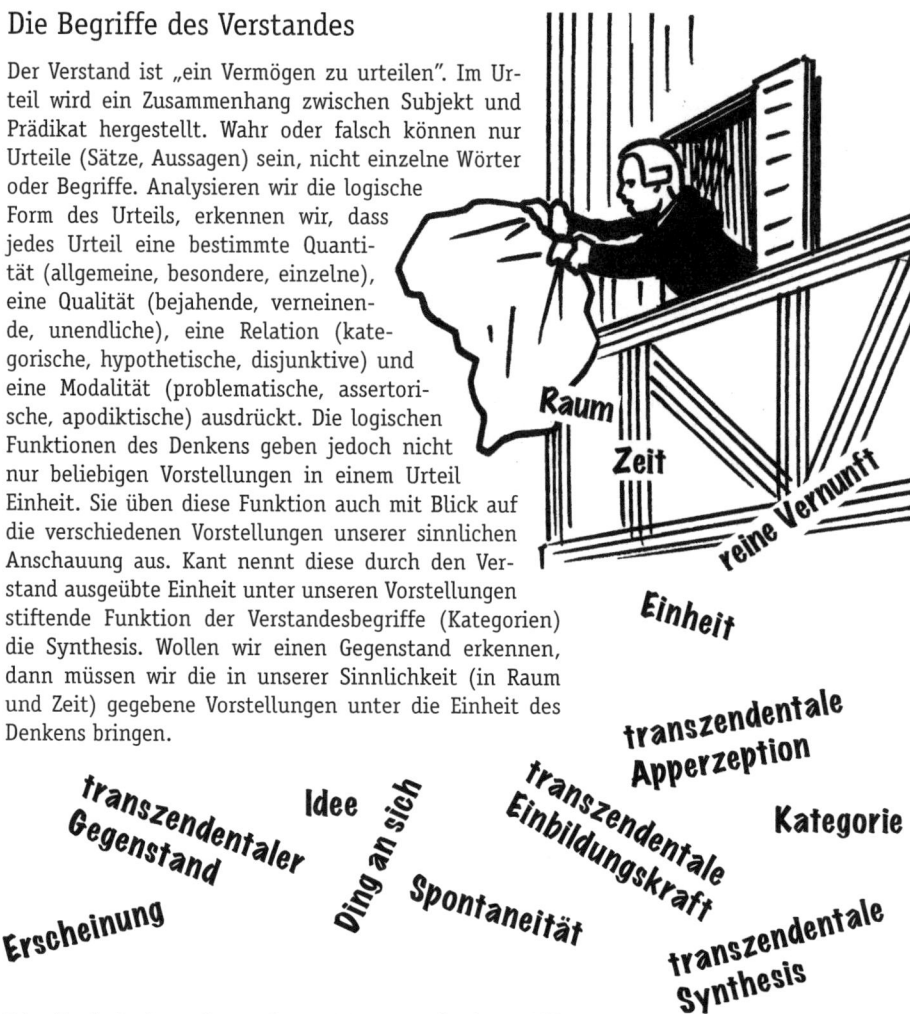

Die Deduktion der reinen Verstandesbegriffe

In einem der anspruchsvollsten Gedankengänge der *Kritik*, in der „transzendentalen Deduktion der reinen Verstandesbegriffe", versucht Kant die Aufgabe zu meistern, die er bereits 1772 in seinem Brief an Herz als für die Metaphysik maßgeblich ausgewiesen hatte: In welcher Beziehung steht der Begriff zum Gegenstand? Die Kategorien müssen, wie er in der *Kritik* schreibt, als Bedingungen a priori der Möglichkeit der Erfahrungen erkannt werden … . Begriffe, die den objektiven Grund der Möglichkeit der Erfahrung abgehen, sind eben darum notwendig." Am Ende der Deduktion ist der erfahrungskonstitutive Gebrauch der Kategorien gerechtfertigt: „Wir können uns keinen Gegenstand denken, ohne durch Kategorien; wir können keinen gedachten Gegenstand erkennen, ohne durch Anschauungen, die jenen Begriffen entsprechen." Uns ist „keine Erkenntnis a priori möglich, als lediglich von Gegenständen möglicher Erfahrung." Beziehen wir die Kategorien nicht auf Anschauungen, stellen sie bloße Gedankenformen dar.

Transzendentalphilosophie

Kants Philosophie ist Transzendentalphilosophie. In ihrer vollendeten Fassung soll sie ein System von transzendentalen Begriffen sein, die die Möglichkeit transzendentaler Erkenntnisse einsichtig macht. Transzendental ist eine Erkenntnis, „die sich nicht sowohl mit Gegenständen, sondern mit unserer Erkenntnisart von Gegenständen, insofern diese a priori möglich sein soll, überhaupt beschäftigt." Kant verwendet das Wort „transzendental" auch zur Bezeichnung derjenigen Vermögen (oder ihres Gebrauchs), ohne die wir keine transzendentale Erkenntnis gewinnen könnten. Diese Vermögen können nicht empirisch sein, gerade weil sie immer auch die Möglichkeit unserer empirischen Erkenntnis betreffen. Würde von unseren Vermögen nur ein empirischer Gebrauch gestattet sein, müssten wir Kants Schriften zur Seite legen und uns Philosophen wie Locke oder Hume zuwenden. „Transzendental" darf nicht mit „transzendent" verwechselt werden. Die Transzendentalphilosophie zeigt gerade, dass wir keine transzendenten Erkenntnisse über Gott, Geister oder übernatürliche Ereignisse gewinnen können.

> **Die synthetische Einheit der Apperzeption ist der höchste Punkt, an dem man allen Verstandesgebrauch, selbst die ganze Logik und die Transzendentalphilosophie heften muß. Ja dieses Vermögen ist der Verstand selbst.**

Verstandesgebrauch, Logik, Transzendentalphilosophie

Synthetische Einheit der Apperzeption

Transzendentale Apperzeption

Transzendentalphilosophie ist Philosophie des Selbstbewusstseins. Neben dem empirischen gibt es ein transzendentales Selbstbewusstsein, das Kant auch transzendentale, reine oder ursprüngliche Apperzeption nennt. Sie ist der höchste Punkt der Transzendentalphilosophie. Ohne sie gäbe es keine notwendige Einheit der Erfahrung. Sie ist ein Akt der Spontaneität, die die Vorstellung „Ich denke" hervorbringt. In einer berühmten Passage in der zweiten Auflage der *Kritik* äußert sich Kant zu der Beziehung zwischen dem Aktus des „Ich denke" und unseren rezeptiv gegebenen Vorstellungen. Lassen wir sie auf uns wirken: „Das: *Ich denke*, muß alle meine Vorstellungen begleiten *können*; denn sonst würde etwas in mir vorgestellt werden, was gar nicht gedacht werden könnte, welches ebensoviel heißt, als die Vorstellung würde entweder unmöglich oder wenigstens für mich nichts sein. ... Also hat alles Mannigfaltige der Anschauung eine notwendige Beziehung auf das: Ich denke, in demselben Subjekt." Würden uns Vorstellungen gegeben werden, die nicht unter die Einheit der transzendentalen Apperzeption gebracht werden können, dann gingen sie uns auch nichts an. Sie wären nicht Teil unserer Erfahrungswelt.

Selbstbewusstsein und Selbsterkenntnis

In seinen *Meditationen* über die *Erste Philosophie* (1641) behauptet der französische Philosoph René Descartes (1596-1650), die Metaphysik auf sichere Füße stellen zu können. Er führt vor, dass der in methodischer Absicht durchgeführte Zweifel an der Existenz von allem und jedem verlässlich die Existenz seiner selbst beweist. Wer zweifelt denkt, und wer denkt, der existiert. Dankbar nehmen sich die Philosophen Descartes' Argumentation an und versuchen sie (bis zum heutigen Tag) mit den scharfsinnigsten Überlegungen zu widerlegen – oder für absurd zu erklären. Die Probleme beginnen mit dem genauen Verständnis von Descartes' These. Möchte er behaupten, dass die eigene Existenz im Vollzug des Denkens gegeben ist? (Ego cogitans existo.) Oder möchte er vom Denken auf die Existenz schließen? (Cogito, ergo sum.) Kant versteht Descartes im Sinne der zweiten Interpretation. Doch darauf kommt es eigentlich gar nicht an. Viel wichtiger ist, dass seiner Ansicht nach alle in der Tradition der Bewusstseinsphilosophie stehenden Metaphysiker einen gravierenden Fehler begehen: Sie beachten nicht den Unterschied zwischen Selbstbewusstsein und Selbsterkenntnis. Es ist zwar richtig, dass das Denken „den Satz, Ich existiere, in sich" enthält. Aber hieraus folgt nicht, dass ich als Substanz existiere. In der „transzendentalen Synthesis des Mannigfaltigen der Vorstellungen überhaupt" bin ich mir bewusst, „nicht wie ich mir erscheine, noch wie ich an mir selbst bin, sondern nur daß ich bin". Mit dieser blutleeren Existenz ist im Reich der Substanzmetaphysik kein Staat zu machen.

Drei Arten der Selbsterkenntnis

Wollen wir uns erkennen, müssen wir unsere Existenz bestimmen. Wir können unsere Existenz erstens als einen Gegenstand des inneren Sinnes bestimmen, dessen Form die Zeit ist. Wir erkennen uns dann im Rahmen der empirischen Psychologie. Oder zweitens als einen Gegenstand des äußeren Sinnes, dessen Form der Raum ist. Dies geschieht im Rahmen beispielsweise der Anthropologie und der Medizin. Beide Arten der Selbstbestimmung führen zu einer Erkenntnis unserer selbst als Erscheinung, in keinem Fall als Seelensubstanz. Möglicherweise können wir uns aber auch drittens als ein freies und in der intelligiblen Welt existierendes Wesen bestimmen. Doch von dieser dritten Art der Selbsterkenntnis später mehr. Sie fällt in den Bereich der Philosophie der Freiheit.

Die synthetischen Grundsätze a priori des Verstandes

Nichts mutet uns Kants Ansicht nach befremdlicher an als der Gedanke an, dass die reinen Verstandesbegriffe den „Erscheinungen, mithin der Natur, als dem Inbegriff aller Erscheinungen ... Gesetze a priori vorschreiben.... Wir können uns keinen Gegenstand denken, ohne durch Kategorien; wir können keinen gedachten Gegenstand *erkennen*, ohne durch Anschauungen, die jenen Begriffen entsprechen." Aber genauso verhält es sich. Ist erst einmal die objektive Realität der Kategorien gerechtfertigt worden, können wir auch die synthetischen Grundsätze a priori finden, die die obersten Gesetze der Natur darstellen. Sie werden ihrerseits aus einem obersten Grundsatz abgeleitet. Dieser oberste Grundsatz drückt aus, dass jeder Gegenstand „unter den notwendigen Bedingungen der synthetischen Einheit des Mannigfaltigen der Anschauung in einer möglichen Erfahrung" steht. Die „Bedingungen der *Möglichkeit der Erfahrung*" sind „zugleich Bedingungen der *Möglichkeit der Gegenstände der Erfahrung*, und haben darum objektive Gültigkeit in einem synthetischen Urteil a priori." Der bekannteste aller synthetischen Grundsätze a priori betrifft das Verhältnis von Ursache und Wirkung. Kant nennt ihn die zweite Analogie der Erfahrung. „Alle Veränderungen geschehen nach dem Gesetz der Verknüpfung der Ursache und Wirkung." Es handelt sich um ein Gesetz, nicht (wie Hume meinte) um ein äußerst wahrscheinlich geltendes Prinzip. Demnach hätte sich Hume seine kritischen Überlegungen zur Glaubwürdigkeit von Wunderberichten auch sparen können. Übernatürliche Ursachen sind nicht Teil unserer Erfahrungswelt. Sie sind für uns nichts.

Die besten Bücher über Kant hat zweifellos Hermann Cohen geschrieben. Ich muß aber bekennen, daß ich sie nicht verstehe.

Der Soziologe, Philosoph und
Kulturkritiker Georg Simmel
(1858-1918)

Exkurs: Hermann Cohen (1842-1918) und der Marburger Neukantianismus

In Marburg begründet Hermann Cohen, der erste jüdische Professor auf einem Lehrstuhl für Philosophie in Deutschland, eine weltweit ausstrahlende Schule des Kantianismus. Cohen liest Kants *Kritik* als Theorie der Erfahrung. Die Philosophie muss in „transzendentaler Methode" die Bedingungen der Möglichkeit des „Faktums der Wissenschaften" untersuchen. Für den ‚metaphysischen Kant' interessiert sich Cohen eher nicht. Einer seiner Schüler ist Ernst Cassirer (1874-1945), dem als Juden die Nachfolge auf dem Lehrstuhl seines Lehrers jedoch verweigert wird.

Ein Buch für die Lehrer

Dass die *Kritik* kein Volksbuch werden würde, war Kant von Anfang an klar. Er wollte nicht für Schüler, sondern für Lehrer im Reich der Gelehrsamkeit schreiben. Vielleicht würden zwei, drei Kollegen in der Lage sein, den tieferen Sinn seiner Schrift zu verstehen und willens sein, sich gemeinsam mit Kant an die Ausarbeitung der kritischen Metaphysik zu machen. Doch der eine, der Philosoph Christian Garve (1742-1798), schreibt eine mehr als zweifelhafte Rezension des Buches. Der andere, Johann Nikolaus Tetens (1736-1807), wird schon bald seine akademische Karriere in Kiel abbrechen und Deiche inspizieren. Und der Dritte im Bunde, der jüdische Philosoph Moses Mendelssohn, erklärt aufgrund einer Nervenschwäche zur Lektüre spekulativer Schriften unfähig zu sein. Die *Kritik* kenne er nur aus den Berichten Dritter. Enttäuscht notiert Kant: „... diese vortrefflichen Männer scheuen die Bearbeitung einer Sandwüste".

Exkurs: Moses Mendelssohn (1729-1786)

Mendelssohn ist (wie Kant) mit der Philosophie von Leibniz und Wolff groß geworden. Er ist einer der bedeutendsten Philosophen zwischen Wolff und Kant in Deutschland. Kant, mit dem er freundschaftlich verbunden ist, trifft er 1777 in Königsberg. In seinen *Morgenstunden* (1785) bekennt er, dass sich innerhalb eines Jahrzehnts die Zeiten gegen seine Art zu philosophieren gewendet haben. Auf der einen Seite gibt es nun den „alles zermalmenden *Kant*", der „hoffentlich mit demselben Geiste wieder aufbauen wird, mit dem er niedergerissen hat." Auf der andere Seite eine Philosophie, die kaum diesen Namen verdient. „Ich weiß, daß meine Philosophie nicht mehr die Philosophie der Zeiten ist. Die Meinige hat noch allzusehr den Geruch jener Schule, in welcher ich mich gebildet habe, und in der ersten Hälfte des Jahrhunderts vielleicht allzueigenmächtig herrschen wollte. Despotismus von jeder Art reitzt zur Widersetzlichkeit. Das Ansehen dieser Schule ist seitdem gar sehr gesunken ... Die besten Köpfe Deutschlands sprechen seit kurzem von aller Spekulation mit schnöder Wegwerfung. Man dringet durchgehends auf Tatsachen, hält sich bloß an Evidenz der Sinne ... Am Ende gewöhnt sich der Geist so sehr ans Betasten und Begucken, daß er nichts für wirklich hält, als was sich auf diese Weise behandeln läßt." Für Kant trifft dies sicherlich nicht zu.

Der kalte Hauch der Kritik

Mendelssohn mag Kants *Kritik* nicht gelesen haben, aber Kant liest Mendelssohn. Dieser schickt ihm 1785 ein Exemplar der *Morgenstunden*, wohl wissend, dass die in seinem Buch vertretenen Auffassungen unvereinbar mit der *Kritik* sind. Und Kant? Er hält die *Morgenstunden* „in der Hauptsache für ein Meisterstück der Täuschung unsrer Vernunft". Sie sind das „letzte Vermächtnis einer dogmatisierenden Metaphysik". In seinem Aufsatz *Was heißt: Sich im Denken orientieren?* (1786) rechnet er noch einmal mit dieser Art von Philosophie ab: Räumen wir der „reinen Vernunft in ihrem spekulativen Gebrauch erst einmal das Vermögen ein, sich über die Grenzen des Sinnlichen hinaus zu Einsichten zu erweitern, so ist es nicht mehr möglich, sie bloß auf diesen Gegenstand einzuschränken; und nicht genug, daß sie alsdann für alle Schwärmerei ein weites Feld geöffnet findet, so traut sie sich auch zu, selbst über die Möglichkeit eines höchsten Wesens (nach demjenigen Begriffe, den die Religion braucht) durch Vernünfteleien zu entscheiden."

> Raus! Ich dulde im Garten der reinen Vernunft keine Unruhestifter!

> Nur nicht so hetzen. Die alte Dame Metaphysik ist doch kein Rennpferd!

ACHTUNG!
Substanzen

Ein neuer Unsterblichkeitsbeweis?

In der zweiten Auflage der *Kritik*, nach Mendelssohns Tod also, führt Kant in Gestalt einer *„Widerlegung des Mendelssohnschen Beweises der Beharrlichkeit der Seele"* ein neues Beispiel für die Unhaltbarkeit der dogmatischen Philosophie an. Mendelssohn hatte sich, so Kant, in seinem *Phaedon, oder über die Unsterblichkeit der Seele* (1767) „zu beweisen getraut, ein einfaches Wesen könne gar nicht aufhören zu sein". Kant hält dem entgegen, dass das denkende Wesen zwar in logischer Hinsicht einfach ist. Ich, als denkendes Wesen, bin mir meiner Einfachheit und numerischen Identität in der Zeit bewusst. Aber hieraus folgt keineswegs, dass ich eine unsterbliche Seelensubstanz bin. Mein Bewusstsein kennt Grade. Es kann sich auch ganz auflösen. Werden mir in meiner Sinnlichkeit keine Vorstellungen gegeben, die ich im Denken verknüpfen könnte, kann ich mir meiner eigenen Existenz auch nicht bewusst werden. Ich bin dann nicht mehr. – Entschlossenen Blickes geleitet Kant die alte Dame Metaphysik aus dem Reich des substantiellen Denkens in den Garten der reinen Vernunft, in dem er keine Unruhestifter duldet.

Über das notwendige Scheitern aller Gottesbeweise

Der Gottesbeweis ist die verflossene Liebe der Philosophen. Die Klügsten und Scharfsinnigsten unter ihnen haben das Rätsel zu lösen versucht, wie das Dasein Gottes, die erste Ursache allen Seins, das vollkommenste Wesen, durch unser Denken förmlich bewiesen werden kann. Es wäre die Krönung des menschlichen Vernunftgebrauchs. Heute ist die Liebe erkaltet. Selten findet sich noch ein Philosoph, der sich frohen Mutes in diesem Metier versucht. Die Einwände sind erdrückend. Während Kant 1763 eine Schrift veröffentlicht, der er den hoffnungsfrohen Titel *Der einzig mögliche Beweisgrund zu einer Demonstration des Daseins Gottes* gibt, ist er 1781 der Ansicht, dass alle aus der Perspektive der spekulativen Vernunft geführten Beweise vom Dasein Gottes mit Notwendigkeit scheitern. Sie beruhen auf einer unerwiesenen Voraussetzung: Dass die reine Vernunft die Grenzen unserer Erfahrung überschreiten kann. Das kann sie gerade nicht. Denken können wir, was wir wollen. Wollen wir aber etwas erkennen, dann müssen wir uns auf Gegenstände beziehen, die uns in unserer Anschauung gegeben werden. Punkt.

Sei nicht traurig Lampe, ich werde mir was für Dich überlegen.

Die Hoffnung stirbt zuletzt

Obwohl Kant das Scheitern aller aus der spekulativen Vernunft geführten Gottesbeweise diagnostiziert, äußert er sich nicht verächtlich über sie und ihre Wortführer. Würde die reine Vernunft kein Interesse an der Erkenntnis des Unbedingten oder Absoluten nehmen, wären die Menschen sicherlich nicht so hartnäckig bei ihrem Versuch gewesen, Gottes Dasein zu beweisen. Das Verlangen, das Unbedingte zu erkennen, wurzelt tief in unserer reinen Vernunft. So hat die Lektüre der *Kritik* einen therapeutischen Effekt: Sie bewahrt uns vor überzogenen Hoffnungen. Doch Kant wäre nicht Kant, wenn er nicht mit einer Überraschung aufwarten würde. In der *Kritik der praktischen Vernunft* präsentiert er einen neuartigen Gottesbeweis: den moralisch-praktischen. Als Heinrich Heine (1797-1856) über die Motive des Königsberger Philosophen rätselt, findet er schnell die Lösung: Kants Diener Martin Lampe. „Der alte Lampe muß einen Gott haben, sonst kann der arme Mensch nicht glücklich sein – der Mensch soll aber auf der Welt glücklich sein – das sagt die praktische Vernunft". – Wir werden auf die Angelegenheit zurückkommen.

Die drei Gottesbeweise

Es gibt nach Kant drei und nur drei Wege, das Dasein Gottes mit den Mitteln der spekulativen Vernunft zu beweisen: (1) Der *physikotheologische Beweis* geht von der „besonderen Beschaffenheit unserer Sinnenwelt aus". Aus der Ordnung der Welt wird auf eine erste verständige Ursache geschlossen. Dieser Beweis wird auch der teleologische Gottesbeweis oder das „argument from design" genannt. (2) Der „kosmologische Beweis" geht von der Existenz irgendeines in unserer Erfahrung gegebenen Gegenstandes aus und fragt nach seiner ersten Ursache. Gott ist die unverursachte Ursache allen Seins. (3) Der *ontologische Beweis* schließt aus dem Begriff Gottes auf dessen Dasein. Während die ersten beiden Beweise von einer Erfahrung ausgehen, wird der dritte a priori geführt: Der „Begriff eines absolut notwendigen Wesens" enthält sein Dasein in sich, weil es sonst nicht der Begriff eines „absolut notwendigen Wesens" wäre. Würde Gott nicht existieren, wäre er nicht vollkommen. Aber er ist vollkommen. Sonst wäre er ja nicht Gott. – So einfach kann Denken sein!

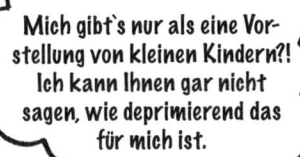

Mich gibt's nur als eine Vorstellung von kleinen Kindern?! Ich kann Ihnen gar nicht sagen, wie deprimierend das für mich ist.

Die Kritik am ontologischen Gottesbeweis

Kants Kritik am ontologischen Gottesbeweis ist nicht originell, aber schlagend. Der Beweis setzt voraus, dass Sein ein „reales Prädikat" ist, „d.h. ein Begriff von etwas, was zu dem Begriff eines Dinges hinzukommen" kann. Denken Sie an ein Einhorn: Ein Einhorn ist ein pferdeähnliches Wesen mit einem langen, spitzen Horn auf der Stirn. Es hat keine Flossen, kann im Unterschied zum Pegasus auch nicht fliegen. Zum Leidwesen vieler Mädchen und mancher Jungen gibt es jedoch keine Einhörner. Woher wissen wir das? Weil wir noch kein Einhorn gesehen haben. Würden wir ein Einhorn sehen, dann schrieben wir dem Einhorn jedoch kein neues Prädikat „Existenz" zu. Wir würden einfach sagen: Schau doch, dort drüben steht ein Einhorn auf der Wiese! Ähnlich verhält es sich nach Kant mit dem Begriff eines höchsten Wesens: „Wenn ich ... ein Ding, durch welche und wie viel Prädikate ich will... denke, so kommt dadurch, daß ich noch hinzusetze, dieses Ding *ist*, nicht das mindeste zu dem Dinge hinzu." Es gibt keinen Unterschied im *Begriff* zwischen hundert wirklichen und hundert möglichen Talern. Der Unterschied zwischen Traum und Wirklichkeit wird durch die Erfahrung gestiftet. Sie allein entscheidet darüber, ob meine Geldbörse gefüllt ist. Leider.

37

> Na, immer noch nicht verwirrt genug? Dann lasst mich Euch meine dritte Antinomie näher bringen!

Die Kausalität durch Freiheit

Die reine Vernunft verlangt nach der Erkenntnis der obersten Bedingungen aller empirisch bedingten Erkenntnis – und gerät in einen Widerspruch mit sich selbst. In der sogenannten dritten Antinomie der *Kritik* wird die Freiheit thematisiert. Auf der einen Seite bestätigt die reine Vernunft die Ergebnisse der Deduktion und des Grundsatzkapitels: Alles „in der Welt geschieht lediglich nach Gesetzen der Natur". Wäre es nicht so, würde es keinen notwendigen Zusammenhang unserer Erfahrung geben. Ereignisse könnten auch ohne sie bewirkende Ursachen geschehen. Das scheint absurd zu sein. Auf der anderen Seite rechtfertigt die reine Vernunft aber eine andere Art der Kausalität, die Kant „Kausalität durch Freiheit" nennt. „Die Kausalität nach Gesetzen der Natur ist nicht die einzige, aus welcher die Erscheinungen der Welt insgesamt abgeleitet werden können. Es ist noch eine Kausalität durch Freiheit zur Erklärung derselben anzunehmen notwendig." Warum ist das notwendig? Kants paradox anmutende These lautet: Weil ansonsten die Kausalität nach Naturgesetzen unvollständig wäre. Kausalerklärungen gehen mit dem Anspruch auf Vollständigkeit einher. Würde es nun keine erste Ursache geben, dann wäre ein infiniter Regress bei der Erklärung natürlicher Ereignisse unvermeidbar. Kant nennt diese erste Ursache die *„absolute Spontaneität der Ursachen"* oder auch die „transzendentale Freiheit". Durch sie fängt „eine Reihe von Erscheinungen, die nach Naturgesetzen läuft, *von selbst"* an.

> Juhuuuu, ich habe einen freien Willen!

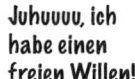

Freiheit oder Fatalismus?

Kant entwickelt den Begriff der transzendentalen Freiheit im Kontext der Frage nach der ersten Ursache der Welt. In einem zweiten Schritt überträgt er ihn jedoch auf den Menschen. Dieser denkt sich als ein in der Welt lebendes Wesen, das entsprechend seiner „absoluten Spontaneität" Kausalketten neu beginnen kann. Der Mensch schreibt sich einen freien Willen zu, aufgrund dessen ihm seine Handlungen zugerechnet (imputiert) werden. Die im Begriff der Freiheit gedachte Spontaneität ist absolut, weil sie (im Gegensatz zur Spontaneität des Denkens) unter keinen empirischen Bedingungen ihrer Wirksamkeit steht. Wäre der Begriff der transzendentalen Freiheit absurd, widersprüchlich, unmöglich, hätten die Fatalisten Recht. Unser Wollen stände unter der Gesetzlichkeit der Natur.

Transzendentaler Idealismus

Freiheit ist nur eine Idee, ein Begriff unserer reinen Vernunft. Unter keinen Umständen werden wir ihre objektive Realität mit den Mitteln der theoretischen Vernunft förmlich beweisen können. Diese Arbeit können wir uns sparen. Aber immerhin impliziert die Idee keinen Widerspruch im Denken. Es besteht gar keine Antinomie zwischen der Kausalität durch Freiheit und der Naturkausalität. In der Absicht, die Antinomie aufzulösen, bezieht sich Kant auf seinen Lehrbegriff vom Transzendentalen Idealismus, den er auch den kritischen oder formalen Idealismus nennt. Er ist der Schlüssel zum Verständnis seiner gesamten Philosophie – und wird ihm noch viel Ärger einbringen. „Ich verstehe aber unter dem transzendentalen Idealismus aller Erscheinungen den Lehrbegriff, nach welchem wir sie insgesamt als bloße Vorstellungen und nicht als Dinge an sich selbst ansehen, und dem gemäß Zeit und Raum nur sinnliche Formen unserer Anschauung, nicht aber für sich gegebene Bestimmungen oder Bedingungen der Objekte als Dinge an sich selbst sind." Was hat der Transzendentale Idealismus mit der Freiheit zu tun? Wenn wir die Dinge immer nur als Erscheinung erkennen, dann müssen wir strikt zwischen der Sinnenwelt (mundus sensibilis) und der Verstandeswelt (mundus intelligibilis) unterscheiden. Die Verstandeswelt ist der Grund der Sinnenwelt. Zwar können wir die Verstandeswelt nicht erkennen, aber wir können sie denken. Die Kausalität durch Freiheit ist das Gesetz der Verstandeswelt.

Kants Philosophie

Transzendentaler Idealismus

Freiheit und Idealismus

Denken wir uns als frei, dann denken wir uns als Wesen, die aufgrund ihrer intelligiblen Natur in der Sinnenwelt Kausalreihen von vorn beginnen können. Ob wir einen guten Grund haben, uns tatsächlich als Wesen zu begreifen, die über transzendentale Freiheit verfügen, wird Kant im Rahmen seiner praktischen Philosophie beantworten. Die Antwort wird positiv ausfallen. Wir können nicht nur die Idee der Freiheit widerspruchsfrei denken, wir nehmen sie in praktischer Absicht auch in Anspruch, und zwar ohne die Fatalisten und Deterministen fürchten zu müssen.

Es gehört zu den beglückenden Aspekten des Transzendentalen Idealismus, dass er auch ihnen die Einsicht in die Dinge, so wie sie an sich selbst beschaffen sein mögen, verweigert. Freiheit kann theoretisch nicht bewiesen werden – ihre Negation aber auch nicht.

Deterministen, macht Euch vom Acker!

Das Interesse der Vernunft

Die reine Vernunft ist ein eigentümliches Vermögen. Weit davon entfernt, eine „Sklavin unserer Leidenschaften" zu sein, wie David Hume einst provokant bemerkte, lässt sie uns in ihrem theoretischen und praktischen Gebrauch ein Interesse an der Beantwortung von drei Fragen nehmen: „1. *Was kann ich wissen?* 2. *Was soll ich tun?* 3. *Was darf ich hoffen?*" Die erste Frage ist theoretischer, die zweite praktischer und die dritte zugleich theoretischer und praktischer Natur. Gelegentlich fügt Kant eine vierte Frage hinzu, die die ersten drei Fragen umfassen soll: „*Was ist der Mensch?*" Das Interesse unserer Vernunft wird nicht durch eine Theorie der Erfahrung erschöpft. Spricht Kant vom Interesse der Vernunft, dann denkt er an die Vernunft im engeren Sinne des Wortes, exklusive des Verstandes also. Dass die Vernunft selbst ein Interesse an etwas nehmen sollte, dieser Gedanke findet sich bei den maßgeblichen Vertretern der neuzeitlichen Metaphysik nicht. Christian Wolff hätte vermutlich seine Augen verdreht. Kant tendiert dazu, die *Kritik der reinen Vernunft* als Antwort auf die erste und die *Kritik der praktischen Vernunft* als Antwort auf die zweite und teilweise auch auf die dritte Frage zu interpretieren. Aber das ist wirklich nur eine grobe Orientierung. Selbst in der *Kritik der Urteilskraft* (1790) äußert er sich zu allen vier Fragen.

> Die Vernunft erkennt das Gute und Böse. Sie lehrt allen, was zu tun ist. Dummheit und Irrtum sind die Ursachen eines unordentlichen Lebens. Das wusste schon Konfuzius. In der Philosophie dürfen keine Ausdrücke verwendet werden, die nicht durch genaue Definition erklärt sind.

Exkurs: Christian Wolff (1679-1754) und die Schulphilosophie

Christian Wolff (siehe oben) ist von 1706 bis 1723 Professor in Halle, gerät mit den dortigen Pietisten in einen heftigen Streit über seine Begriffe von Vernunft und Freiheit und muss Preußen bei Strafe des Stranges innerhalb von 48 Stunden verlassen. Keine angenehme Erfahrung. 1740 kehrt er aus Marburg nach Halle zurück. Über Jahrzehnte hat die sogenannte „Leibniz-Wolffsche-Schulphilosophie" die gelehrten Debatten der Zeit beherrscht. Der Terminus suggeriert eine Einheitlichkeit, die es so nicht gegeben hat. Nicht zuletzt nivelliert sie wichtige Differenzen zwischen Gottfried Wilhelm Leibniz (1746-1716) und Wolff. Kant hat beiden Philosophen viel zu verdanken. Wie zahlreiche andere Philosophen seiner Generation hat er sich von dieser Philosophie unter Aufnahme von Anregungen zu emanzipieren versucht, die aus dem Umkreis der neuesten britischen und französischen Philosophie stammen.

Der Probierstein des Fürwahrhaltens

An welchem Merkmal erkenne ich die Wahrheit meines Urteils? Eine große Bedeutung kommt der Mitteilbarkeit des Urteils zu. „Wahrheit ... beruht auf der Übereinstimmung mit dem Objekte, in Ansehung dessen folglich die Urteile eines jeden Verstandes einstimmig sein müssen..... . Der Probierstein des Fürwahrhaltens, ob es Überzeugung oder bloße Überredung sei, ist also, äußerlich, die Möglichkeit, dasselbe mitzuteilen und das Fürwahrhalten für jedes Menschen Vernunft gültig zu befinden". Die Zustimmung der Anderen zu meinem Urteil macht mein Urteil zwar nicht wahr. Aber es besteht „wenigstens eine Vermutung, der Grund der Einstimmung aller Urteile, ungeachtet der Verschiedenheit der Subjekte untereinander, werde auf dem gemeinschaftlichen Grunde, nämlich dem Objekte beruhen, mit welchem sie daher alle zusammenstimmen und dadurch die Wahrheit des Urteils beweisen werden." Vernunft ist kein Besitz, mit dem der Mensch geboren wird. Sie muss durch Geschick und Übung erworben werden. Sie muss sich in ihrem öffentlichen Gebrauch bewähren. Verzichten oder verweigern wir auf den öffentlichen Vernunftgebrauch, nehmen wir kein Interesse an der Wahrheit.

Öffentlichkeit als transzendentales Rechtsprinzip

In seiner Schrift *Zum ewigen Frieden* (1795) erweitert Kant den Begriff der Öffentlichkeit. So wie jeder einzelne Mensch seinen Vernunftgebrauch einer öffentlichen Prüfung unterwerfen muss, um deutlich zwischen begründeter Überzeugung und bloß subjektiver Überredung unterscheiden zu können, schlägt Kant eine negative und eine positive transzendentale Formel des öffentlichen Rechts vor. Die negative Formel lautet: „Alle auf das Recht anderer Menschen bezogene Handlungen, deren Maxime sich nicht mit der Publizität verträgt, sind unrecht." Die positive Formel hat folgenden Wortlaut: „Alle Maximen, die der Publizität bedürfen (um ihren Zweck nicht zu verfehlen), stimmen mit Recht und Politik vereinigt zusammen."

41

Metaphysik und Kritik

„... irgendeine Metaphysik ist immer in der Welt gewesen, und wird auch wohl ferner, mit ihr aber auch eine Dialektik der reinen Vernunft, weil sie ihr natürlich ist, darin anzutreffen sein. Es ist also die erste und wichtigste Angelegenheit der Philosophie, einmal für allemal ihr dadurch, daß man die Quelle der Irrtümer verstopft, allen nachteiligen Einfluß zu benehmen." Die Vernunft wird sich immer wieder von ihrer dialektischen Seite zeigen. Auf Kritik können wir nicht verzichten. Jedes Zeitalter sollte ein Zeitalter der Kritik sein. Und bleibt die Kritik einmal auf der Strecke – nicht auszudenken. Der negative Nutzen der Kritik besteht Kants fester Überzeugung nach darin, durch die Anwendung der „sokratischen Methode" ein probates Mittel gegen die „Anmaßungen" einer überschwänglich auftretenden, ihre eigenen Grenzen missachtenden spekulativen Vernunft zu sein. Die *Kritik der reinen Vernunft* ist ihr Geld wert. Klüger kann kein Smartphone sein. Wer sie gelesen hat, lebt gelassener. Die morgendliche Lektüre des Feuilletons stößt nicht mehr bitter auf.

Wolffs Einteilung der Metaphysik

Metaphysica generalis
(allgemeine Metaphysik) = Ontologie

Metaphysica specialis=
a) Psychologia empirica et rationalis
(empirische und rationale Psychologie)
b) Cosmologia (Kosmologie)
c) Theologia (Theologie)

Der positive Nutzen der Kritik

Mendelssohn spricht vom „alles zermalmenden" Kant. Er übersieht dabei den positiven Nutzen, den Kant mit seiner Schrift verbindet. Mit ihrer Unterscheidung zwischen Ding an sich und Erscheinung öffnet sie die Pforten für die *„praktische Erweiterung* der reinen Vernunft" im Feld der Freiheit, die Materialisten und Deterministen dreist für unmöglich erklären. Zur Erläuterung seiner Position wählt Kant seither oft zitierte Worte: „Ich mußte also das *Wissen* aufheben, um zum *Glauben* Platz zu bekommen, und der Dogmatismus der Metaphysik, d.i. das Vorurteil, in ihr ohne Kritik der reinen Vernunft fortzukommen, ist die wahre Quelle alles der Moralität widerstreitenden Unglaubens, der jederzeit sehr dogmatisch ist." Selbstverständlich möchte Kant nicht unser *gesamtes* Wissen „aufheben". Er bezieht sich ausschließlich auf das angebliche „Wissen" der Schulmetaphysik von Gott (Theologie), Seele (empirische und rationale Psychologie) und Welt (Kosmologie).

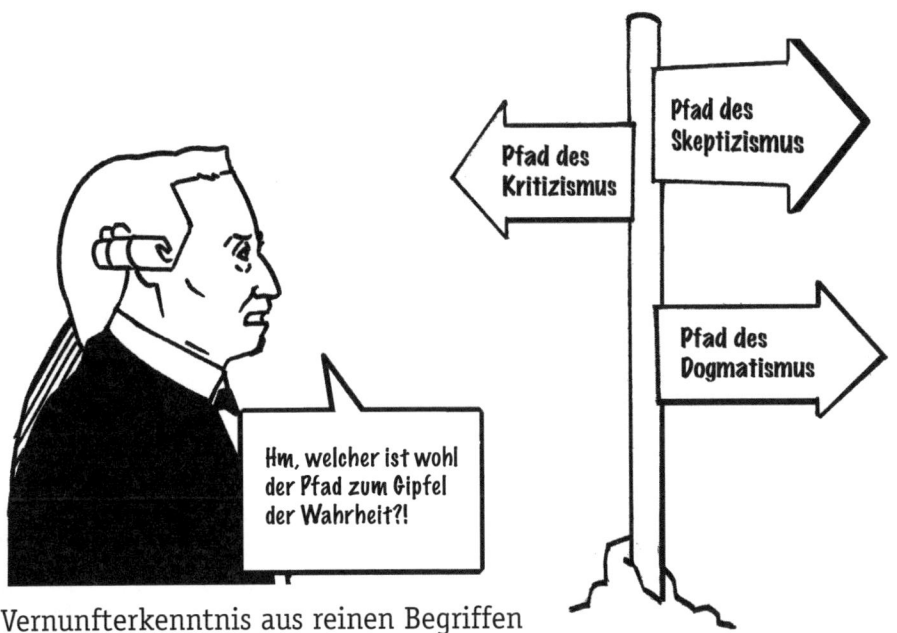

Vernunfterkenntnis aus reinen Begriffen

Die reine Vernunft kann nicht gehört, geschmeckt, gefühlt, ertastet werden. Wir können sie auch nicht riechen. Die reine Vernunft ist ein Tatbestand unseres Denkens. Sie muss über sich selbst Gericht sitzen. Sie muss kritisch, sie muss reflexiv sein. Die reine Vernunft ist Legislative, Judikative und Exekutive in einem. Schwierig. Kant bezeichnet die Philosophie als „Vernunfterkenntnis aus reinen Begriffen". Diese Art der Erkenntnis kann nicht methodisch erzeugt werden. Vielmehr entwickelt sie sich in der Geschichte, findet ihren Ausdruck in den verschiedenen metaphysischen Gebäuden, die ihr zu Ehren errichtet worden sind. Sie ist auf glückliche Zufälle und einen hellen Kopf angewiesen, bei dem die Vernunft zur rechten Zeit zu zündeln vermag. Dass die reine Vernunft eine Geschichte haben soll, ist eine merkwürdige Beobachtung. Schließlich ist sie als solche dem Lauf der Zeit gar nicht unterworfen. Die reine Vernunft ist (wie der reine Wille) Teil der intelligiblen Welt. Die Rede von der Geschichte der reinen Vernunft kann sich also nur auf ihre Äußerungsformen beziehen. Neue Ideen haben „Revolutionen" im Reich der Metaphysik verursacht. Auf die Details kommt es Kant nicht an. Er nimmt kein Interesse an historischer Genauigkeit, er will keine Historie der Philosophie schreiben, sondern vielmehr plausibel machen, dass die reine Vernunft in einer kritisch fundierten Metaphysik ihre Erfüllung findet.

Der kritische Weg

In der Geschichte der Philosophie kann eine Abfolge von dogmatischer, skeptischer und kritischer Methode erkannt werden. „Wenn ich hier in Ansehung der ersteren den berühmten *Wolff*, bei der zweiten David *Hume* nenne, so kann ich die übrigen, meiner jetzigen Absicht nach, ungenannt lassen. Der kritische Weg ist allein noch offen." Die erste *Kritik* endet mit einer persönlichen Einladung Kants an seine Leser, diesen Weg in seiner „Gesellschaft" zu durchwandern und gemeinsam mit ihm noch vor „Ablauf des gegenwärtigen" Jahrhunderts den „Fußsteig zur Heeresstraße" zu verbreitern. Heute wissen wir: Einige haben die Einladung angenommen, manche haben sie falsch verstanden, eine Heeresstraße ist es nicht geworden. Hin und wieder treffen sich einige, um neue Pläne zu schmieden.

Das Grundproblem der Ethik

Im Herbst 1784 schließt Kant das Manuskript zu einem schmalen Buch ab, dessen Thematik ihn mehr als 20 Jahre umgetrieben hat: die *Grundlegung zur Metaphysik der Sitten*. Endlich gelingt es ihm, dem eigenen Anspruch nach das große Problem der Ethik (Sittenlehre) zu lösen: Wie ist die Beziehung zu verstehen, in der der freie Wille zum Gesetz steht? An dieser Frage hatten sich Generationen von Philosophen die Zähne ausgebissen. Kants Antwort erfolgt, wenig überraschend, einerseits in der Sprache der Allgemeinen praktischen Weltweisheit, einer Disziplin, die Christian Wolff Anfang des 18. Jahrhunderts begründet hatte. Andererseits erweist sich Kant als ihr schärfster Kritiker. Wolff und seine Anhänger haben mehrere entscheidende Fehler begangen: Erstens gingen sie davon aus, dass sich die Ethik um den Begriff der Glückseligkeit dreht. Zweitens haben sie den Willen mit dem Verstand (bzw. der Vernunft) identifiziert (der Wille folgt der Verstandeseinsicht). Und drittens haben sie außer Acht gelassen, dass die Ethik nicht durch die Erfahrung begründet werden kann. Wie die meisten der von Leibniz und Wolff beeinflussten Moralphilosophen geht auch Kant davon aus, dass die Ethik um den Begriff der praktischen Notwendigkeit kreist. Praktische Notwendigkeit kann aber nicht empirisch, sondern einzig und allein durch Begriffe der reinen Vernunft begründet werden. Das also ist es: Die reine Vernunft muss als Grund einer „absoluten Notwendigkeit" verstanden werden, durch die unser freier Wille gebunden (verpflichtet) wird. Der Wille wird durch ein Gesetz verpflichtet, dessen Ursprung die reine Vernunft ist.

> Wie ist ein kategorischer Imperativ möglich, der uns sagt, was das ursprüngliche Gute ist?

Exkurs: Wolffs *Allgemeine praktische Weltweisheit*

Wolff definiert die Allgemeine praktische Weltweisheit in seiner *Deutschen Ethik* von 1720 „als affektive praktische Wissenschaft von der Leitung der freien Handlungen durch allgemeinste Regeln". Sie ist eine Art von Handlungstheorie, in der nach „wissenschaftlicher Methode" die für Ethik, Politik und Ökonomie grundlegenden Begriffe (Maxime, Gesetz, Verbindlichkeit, Pflicht, freier Wille, Zurechnung, Gewissen etc.) unseres Wollens bestimmt werden. Seiner Ansicht nach folgt die Notwendigkeit, der unser freier Wille unterworfen ist, aus der vernünftigen Erkenntnis des Guten und Schlechten. Wer das Gute erkennt, der strebt es auch an. Qua seiner Vernunft ist der Mensch sich „selbst ein Gesetz".

Maxime = ein subjektives
Prinzip des Wollens

Praktisches Gesetz = ein
objektives (notwendig geltendes) Prinzip des Wollens

Notwendig (für alle
Vernunftwesen) geltende
Maximen sind praktische
Gesetze

Maximen und Gesetze

Der Mensch ist ein vernünftiges Wesen, das sich durch die Vorstellungen von Regeln oder Prinzipien zum Handeln bestimmen kann. Kant nennt (wie vor ihm Wolff und viele andere Philosophen) diese Regeln Maximen. Wir bilden uns Maximen (oberste Regeln), weil wir uns durch ihre Befolgung mittel- und langfristig die Befriedigung unserer Neigungen erhoffen. Neigungen sind Begierden, die uns zur Gewohnheit geworden sind. Maximen setzen die Überlegung (lat. deliberatio) voraus, die Fähigkeit, sich kritisch und wertend zu seinen verschiedenen Begierden und Neigungen in ein Verhältnis zu setzen. Was ist mir im Leben wichtig? Welche Ziele möchte ich erreichen? Worin sehe ich mein persönliches Glück? Zwar möchte Kant nicht bezweifeln, dass wir auch geneigt sind, anderen Menschen etwas Gutes zu tun. Doch weil es sich um *unsere* Neigungen handelt, ist ihre Befriedigung immer eigeninteressiert, subjektiv, zufällig. Die auf ihnen fußenden Maximen mögen von allen Menschen gebilligt werden, erlangen aufgrund ihrer schwankenden Basis und begrifflichen Unklarheit aber niemals den Status eines Gesetzes. Denn ein Gesetz ist eine Regel, die mit Notwendigkeit gilt. Praktische Gesetze sind also Regeln, die mit Notwendigkeit für alle Wesen gelten, die mit reiner Vernunft und einem freien Willen gesegnet sind. Der Grund des Gesetzes ist die reine Vernunft. Aus ihrer Perspektive betrachtet können und müssen wir uns fragen, ob sich unsere Maximen zu einer Regel qualifizieren, die für alle Vernunftwesen gelten.

Vernunftwesen, kein bloß vernünftiges Wesen

Ein der Moralität fähiges Wesen ist der Mensch nur deshalb, weil er nicht nur über praktische sondern auch über *reine* praktische Vernunft verfügt. Der Mensch betrachtet sich nicht bloß als ein zur Natur gehöriges „vernünftiges Wesen", sondern auch als ein „Vernunftwesen". Die reine Vernunft allein befähigt ihn, seine in Maximen gepackten empirischen Vorstellungen vom guten Leben durch die reinen Begriffe der Vernunft zu beurteilen.

Das moralische Gesetz und die Freiheit

In seinem Streben nach Glückseligkeit, nach der Befriedigung seiner Neigungen, ist der Mensch den Gesetzen der Natur unterworfen. Als reines Vernunftwesen jedoch kann er sich durch Begriffe zum Handeln bestimmen, die a priori sind. Hier greift Kants Lehrbegriff vom Transzendentalen Idealismus: Der Mensch muss sich als ein Wesen betrachten, dass zugleich Bürger der Sinnen- und der intelligiblen Welt ist. Weil die reine Vernunft die Quelle der Begriffe a priori ist, gibt sie uns das Gesetz. Sie fordert uns auf, als Menschen nur nach solchen Maximen zu handeln, die vernünftig sind. Vernünftig im Sinne der reinen Vernunft ist eine Regel genau dann, wenn sie eine bestimmte Funktion erfüllt. Welche könnte dies sein? Das Gesetz ist das Gesetz eines freien Willens. Die Funktion des Gesetzes ist die Ermöglichung, die Erhaltung des freien Willens, nicht seine Vernichtung. Würde der Wille den in Gestalt der aus seiner Sinnlichkeit resultierenden Neigungen folgen, dann würde er sich durch die Gesetzlichkeit der Natur bestimmen lassen. Er stände unter dem Gesetz der Heteronomie. Es wäre ein fremdbestimmter Wille. Der Mensch würde heteronom handeln. Dass es keine Freiheit ohne Gesetz geben kann, darin ist sich Kant mit den meisten seiner Zeitgenossen einig. Dass dieses Gesetz jedoch seinen Ursprung in der reinen Vernunft hat, ist ein Gedanke, den vor Kant kein Philosoph formuliert hat. Qua seiner Vernunft gibt sich der Mensch selbst das Gesetz.

> Indem ich jetzt Alk trinke, handel ich in meinem Fall heteronom. Na und?! Mir schmeckt's!

Die zwei Bedeutungen von Autonomie

Christian Wolff war der Position Kants ziemlich nahe gekommen. Seiner Ansicht nach ist die Vernunft „die Lehrmeisterin des Gesetzes der Natur". Um dieses Gesetz zu erkennen, müssen wir die Natur (nicht zuletzt die des Menschen in Psychologie und Anthropologie) studieren. Kant lehnt diesen Gedanken ab. Wir finden das moralische Gesetz in der reinen Vernunft, nicht in der Natur. Dass die Autonomie, die Selbstgesetzgebung, das Prinzip der Moral ist, besagt nach Kant jedoch nicht, dass der Mensch auch tatsächlich diesem Prinzip Folge leistet. Als ein seiner Vernunftnatur nach autonomes Wesen hat er die Freiheit, sich durch seine Neigungen zum Handeln bestimmen zu lassen (heteronom zu handeln). Diese Freiheit zugleich zur Autonomie wie zur Heteronomie stellt eine spezielle Bedeutung des Begriffs der Autonomie (Autonomie als freie, gesetzlose Selbstbestimmung) dar.

46

Freiheit als Willkür

Freiheit ist ein schillernder Begriff mit vielen Facetten. Freiheit ohne Gesetz ist Kants Verständnis nach Willkür. Zwar steht der freie Wille unter den Gesetzgebungen der reinen Vernunft und der Natur, aber gerade aus diesem Grunde besitzt er auch die Freiheit, sich durch die eine oder die andere Gesetzgebung zum Handeln zu bestimmen. Warum der Mensch sich im Gebrauche seiner Freiheit für das eine oder andere entscheidet, übersteigt Kants fester Überzeugung nach unsere Erkenntnisfähigkeit. Würden wir eine Erklärung versuchen, müssten wir auf ein Kausalprinzip Bezug nehmen, also entweder auf die Kausalität durch Freiheit oder die Naturkausalität. Welche Wahl wir auch treffen, wir würden das Phänomen negieren. Die eine Kausalität kann nicht aus der anderen abgeleitet werden. Weil wir über keine Kausalerklärung verfügen, ist unsere Wahl zwischen dem Guten und Schlechten (Bösen) zufällig. Wir vollziehen eine Handlung, weil wir es wollen. Mehr gibt es dazu nicht zu sagen.

Verbindlichkeit und Pflicht

Gut und Böse? Die Differenz zwischen Tugend und Laster, dem moralisch Guten und Bösen setzt voraus, dass vom moralischen Gesetz der reinen Vernunft eine Verbindlichkeit oder Verpflichtung ausgeht. Während Wolff unter einer Verbindlichkeit (lat. obligatio) die Erkenntnis des Guten versteht, gibt Kant diesem Begriff eine neue Bedeutung. Seiner Auffassung nach drückt die Verbindlichkeit eine von der reinen Vernunft ausgehende Nötigung aus. Wir *sollen* auf eine bestimmte Art und Weise handeln, obwohl wir aufgrund unserer Neigungen vielleicht gerne anders handeln würden. Das Sollen ist das Wollen eines reinen Vernunftwesens, das zugleich als ein Naturwesen existiert. Als reine Vernunftwesen wollen wir mit Notwendigkeit nach dem Gesetz der Freiheit handeln, als Naturwesen sollen wir dies tun. Diejenige Handlung, die wir aufgrund der vom moralischen Gesetz ausgehenden Verbindlichkeit vollziehen sollen, nennt Kant Pflicht (lat. officium). Die reine Vernunft verpflichtet uns, nur nach solchen Maximen zu handeln, die sich zu einer allgemeinen (für alle Vernunftwesen gültigen) Gesetzgebung qualifizieren. Doch wie können wir unsere Pflichten erkennen?

Der kategorische Imperativ

Das moralische Gesetz ist das Prinzip eines vernünftigen und zugleich freien Willens. Es gehört zu seinem Begriff, ähnlich wie die Summe der Innenwinkel von 180° zum Begriff des Dreiecks gehört. Wäre der Mensch nur ein reines Vernunftwesen, hätte er keine Begierden und Neigungen, dann würde er mit Notwendigkeit nach diesem Gesetz handeln. Mit diesem Gedanken lehnt Kant (wie Leibniz und Wolff) die Konzeption des theologischen Voluntarismus ab: Selbst Gott ist an das Gesetz der Vernunft gebunden. Er kann seiner eigenen Natur nach nicht willkürlich handeln. Weil der Mensch nach Kant aber auch ein Naturwesen ist, wird er sich der Verbindlichkeit des moralischen Gesetzes in Gestalt des kategorischen Imperativs bewusst. In einer seiner zahlreichen Formulierungen lautet dieses Prinzip: *„handle nur nach derjenigen Maxime, durch die du zugleich wollen kannst, daß sie ein allgemeines Gesetz werde."* Demnach erkenne ich meine Pflichten, wenn ich mich frage, ob sich die Regel, die der Handlung zugrunde liegt, zu einem allgemeinen Gesetz qualifiziert. Kant steht hier das Modell politischer Gesetzgebung vor Augen: So wie in der bürgerlichen Gesellschaft das äußere Gesetz ihren Ursprung in einer Gesetzgebung hat, an der der Idee nach alle Vernunftwesen beteiligt sind, soll ich meinen Willen (meine Willkür) nur durch solche Regeln bestimmen, die sich zu einer allgemeinen Gesetzgebung in einem (gedachten) Reich vernunftbegabter Wesen qualifizieren (Rousseaus „volonté générale"). Kant erläutert seine Position auch gelegentlich mit dem Bild eines unparteiischen Zuschauers: Ich soll über meine Maximen so urteilen, wie ein unparteiischer Zuschauer über sie urteilen würde.

> **Wenn ich jemanden vor dem Ertrinken zu retten versuche, zählt zunächst nur mein guter Wille. Inwieweit ich erfolgreich bin, spielt für die moralische Beurteilung meiner Handlung keine Rolle. Ferner bleibt zu berücksichtigen, ob ich aus meiner Maxime heraus gehandelt habe oder ob ich bloß Eindruck gegenüber anderen Menschen schinden wollte. In letzterem Fall wäre die Rettungstat nämlich nicht Zweck, sondern nur Mittel meiner Absichten.**

Der gute Wille

Die moralische Qualität unserer Handlung bemisst sich an der Maxime, die ihr zugrunde liegt. Kant vertritt eine dezidiert nicht an den Folgen (Konsequenzen) ausgerichtete Auffassung der Ethik. Würde der moralische Wert der Handlung von ihren realen Folgen in der Sinnenwelt abhängig sein, wäre die Qualität unseres Wollens von ihrer Gesetzmäßigkeit abhängig. „Es ist überall nichts in der Welt, ja überhaupt auch außer derselben zu denken möglich, was ohne Einschränkung für gut könnte gehalten werden, als allein ein *guter Wille*." Selbstverständlich ist der bloße Wunsch, gut zu sein, kein guter Wille.

Aus Pflicht, nicht aus Gehorsam

Unsere Neigungen und Leidenschaften (heftige Neigungen) gehören zum Begehrungsvermögen. Sie sind immer mit Lust und Unlust verbunden, sind als solche aber keine Gefühle. Die in der Literatur nicht selten formulierte Auffassung, wonach der kategorische Imperativ in einem Gegensatz zu unseren Gefühlen steht, ist schlicht Unsinn. Gefühle als solche können uns gar nicht zum Handeln bewegen. Die von Kant formulierte Alternative ist immer die zwischen Neigung und Pflicht. Wir sollen nicht „aus Neigung", sondern „aus Pflicht" handeln. Kant erfindet diese seltsam anmutende Formulierung in Abgrenzung zum Begriff des Gehorsams. Wer „aus Pflicht" eine Handlung vollzieht, macht dies aus Achtung vor ihrer inneren Sittlichkeit, nicht aber aus Furcht vor Sanktionen. Aus Gehorsam können wir nur ein Gesetz befolgen, das wir uns nicht selbst gegeben haben. Wir tun dies aus Angst vor Sanktionen oder in der Hoffnung, belohnt zu werden. Vollziehen wir eine Handlung aus Rücksicht auf ihre voraussichtlichen Folgen („aus Neigung"), dann handeln wir bloß pflichtgemäß. Die pflichtgemäße Handlung hat keinen inneren moralischen Wert, weil sie nicht aus Achtung, aus Pflicht vollzogen wird.

ar, Religion ist die Erkenntnis unserer lichten als Gebote Gottes. Aber das eißt eben auch, dass die Zehn Gebote ur insoweit göttlichen Ursprungs sind, s sie mit dem Grundgesetz der reinen raktischen Vernunft übereinstimmen. e Pflichten können alle Menschen durch re eigene Vernunft erfassen. Da hatte er alte Wolff schon Recht.

Der kategorische Imperativ

„Handle nur nach derjenigen Maxime, durch die du zugleich wollen kannst, daß sie ein allgemeines Gesetz werde."

Das Gefühl der Achtung

Achtung ist ein Gefühl, das die reine Vernunft in uns hervorruft. Gelegentlich identifiziert Kant es auch mit der reinen Vernunft. Es wirkt nicht direkt motivierend, aber es bindet uns als Sinnenwesen an die Stimme der reinen Vernunft. Würden wir keine Achtung vor dem moralischen Gesetz empfinden, dann wäre uns das moralische Gesetz gleichgültig. Wir würden es in den praktischen Überlegungen, die unserer Willensbestimmung vorausgehen, nicht ernsthaft berücksichtigen. Wir würden es schlicht nicht für relevant erachten. Mit dem Gefühl der Achtung versucht Kant die Kluft zwischen reiner Vernunft und Sinnlichkeit zu überbrücken. Von den schottischen Moralphilosophen, von Francis Hutcheson (1694-1746), Henry Home (Lord Kames) (1696-1782) und Hume, hatte er sich bereits in den fünfziger und sechziger Jahren über die Bedeutung unserer sinnlichen Natur für die subjektive moralische Praxis belehren lassen. Später beeindruckte ihn Adam Smiths (1723-1790) *The Theory of Moral Sentiments* (1759) in der deutschen Übersetzung von 1770.

Preis und Würde

Der kategorische Imperativ ist ein formales Moralprinzip. Es orientiert sich am Begriff des Gesetzes. Können wir eine Maxime nicht als ein allgemeines Prinzip wollen oder denken, dann müssen wir die Maxime verwerfen. Allerdings bezieht sich der kategorische Imperativ auch auf einen Inhalt (einen Zweck, eine Materie). Auf diesen Inhalt nimmt Kant in der sogenannten Menschheitsformel des kategorischen Imperativs Bezug: *„Handle so, daß du die Menschheit, sowohl in deiner Person als in der Person eines jeden anderen, jederzeit zugleich als Zweck, niemals bloß als Mittel brauchst.“* Der Mensch als Vernunftwesen existiert als Zweck an sich selbst. Er hat Würde, keinen Preis. Nichts in der Welt kann an seine Stelle gesetzt werden. „Im Reiche der Zwecke hat alles entweder einen *Preis* oder eine *Würde*. Was einen Preis hat, an dessen Stelle kann auch etwas anderes als Äquivalent gesetzt werden; was dagegen über allen Preis erhaben ist, mithin kein Äquivalent verstattet, das hat auch Würde." Die Moralität stellt die Bedingung dar, „unter der allein ein vernünftiges Wesen Zweck an sich selbst sein kann; weil nur durch sie es möglich ist, ein gesetzgebend Glied im Reiche der Zwecke zu sein.“ Wäre der Mensch nicht frei, würde er nicht über reine Vernunft verfügen, dann wäre er eine Sache, etwas, für das eine andere Sache als Äquivalent gesetzt werden kann. Eine Sache ist käuflich, der Mensch nicht.

Die beiden Dimensionen der Würde

Der Mensch hat Würde, weil er als reines Vernunftwesen in der intelligiblen Welt existiert. Wie immer er seinen freien Willen in der Welt gebrauchen wird, er ist und bleibt ein Wesen, das von anderen Menschen als eine Person zu achten ist. Allerdings kennt die Würde des Menschen Grade. Sie bemisst sich an dem Gebrauch, den er von seinem Willen macht. Unsere Achtung vor dem Verbrecher ist kleiner als die vor einem Menschen, der seine schändlichsten Neigungen aus Achtung vor dem Moralgesetz praktisch überwindet. Kants Position liegt ein zutiefst humanistischer Gedanke zugrunde: Der übelste Menschenschinder kann aus eigener Einsicht und eigenem Entschluss ein besserer Mensch werden. Die von Arthur Schopenhauer (1788-1860) propagierte Auffassung, wonach ein Verbrecher immer ein Verbrecher bleibt, hätte Kant abscheulich gefunden.

Kommen Sie nur näher, junge Dame. Ich mache Ihnen einen guten Preis!

> Moral oder praktische Philosophie ist die Wissenschaft davon, wie der menschliche Wille beschaffen sein und handeln soll. Sie lehrt uns, wie wir aus unserer Vernunft die göttlichen Gesetze und die allgemeinen Regeln unserer Vollkommenheit und Glückseligkeit erkennen können. Die Moral handelt von Pflichten und Verbindlichkeiten.

Die Deduktion des kategorischen Imperativs

Wenn es überhaupt Pflichten gibt, dann ist der kategorische Imperativ ihr Prinzip. Er ist ein synthetischer Satz a priori, weil er eine notwendige Beziehung zwischen unserem sinnlich affizierten Willen und dem Vernunftgesetz zum Ausdruck bringt. Das Gesetz stellt die Bedingung dar, unter der wir uns als Wesen denken können, die im Gebrauche ihres freien Willens einer „absoluten Notwendigkeit" unterliegen. Doch wie ist dieser Imperativ möglich? Wie können wir verstehen, dass wir uns als reine Vernunftwesen selbst als Menschen verpflichten? Die Antwort gibt Kant im Rahmen seines Transzendentalen Idealismus: Die „Idee der Freiheit" macht mich „zu einem Gliede einer intelligiblen Welt, wodurch, wenn ich solches allein wäre, alle meine Handlungen der Autonomie des Willens gemäß sein *würden*, da ich mich aber zugleich als Glied der Sinnenwelt anschaue, gemäß sein *sollen*, welches *kategorische* Sollen einen synthetischen Satz a priori vorstellt". Zu meinem „durch sinnliche Begierden affizierten Willen „tritt die Idee des zur Verstandeswelt gehörigen reinen Willens hinzu, der für sich selbst praktisch ist." Dieser reine Wille „enthält die oberste Bedingung", unter der ich von meinem sinnlich bedingten Willen Gebrauch machen soll. Alles hängt an der Differenz zwischen Sinnenwelt und Verstandeswelt, alles an der Idee der Freiheit. Sie berechtigt mich dazu, mich als Urheber von Handlungen in der Sinnenwelt zu begreifen. Ihr Gesetz ist das Moralgesetz. Aber woher nehme ich die Chuzpe, mich als unter der Idee der Freiheit handelndes Wesen zu begreifen?

Exkurs: Christian August Crusius (1715-1775)

Christian Crusius (siehe oben) ist Professor in Leipzig, zunächst für Philosophie, dann für Theologie. Er gilt als wichtigster zeitgenössischer Kritiker von Wolff. Kant ist kein Anhänger von Crusius. Vor allem dessen Idee, dass die Verbindlichkeit des moralischen Gesetzes auf Gottes unergründlichem Ratschluss beruht, lehnt Kant (ganz im Sinne von Leibniz und Wolff) ab. Dennoch finden sich in Crusius' Schriften eine Reihe von Begriffen und Lehren, die für Kant von großer Bedeutung sind. Dies gilt vor allem für die Begriffe des Willens und des Sollens. Der Mensch hat die Freiheit zum Guten wie zum Bösen, aber er *soll* das Gute tun.

Von der transzendentalen zur praktischen Freiheit

Freiheit ist eine Idee, deren „objektive Realität an sich zwar zweifelhaft" ist. Aber immerhin ist sie eine Idee. In der *Grundlegung* bricht Kant nun keineswegs mit der Position der *Kritik*. Er will die objektive Realität der Freiheit nicht förmlich beweisen. Aber er möchte auf ihre praktische Bedeutung hinweisen. Sie zeigt sich in dem praktischen Gebrauch, den wir von dieser Idee machen. Wir sind uns einer „reinen Selbsttätigkeit" (einer „reinen Spontaneität") bewusst, durch die die Idee der Freiheit einen praktischen Gehalt erhält. Er äußert sich in unserem Anspruch, nur diejenigen Handlungen zugerechnet zu bekommen, die wir selbst begangen haben. Dieser Anspruch beweist, dass reine Vernunft subjektiv praktisch ist. „Alle Menschen denken sich dem Willen nach als frei. Daher kommen alle Urteile über Handlungen als solche, die hätten *geschehen sollen*, ob sie gleich *nicht geschehen sind*. Gleichwohl ist die Freiheit kein Erfahrungsbegriff und kann es auch nicht sein". Obwohl wir ihre Objektivität nicht beweisen können, nehmen wir sie praktisch in Anspruch. Wieder greift Kant auf eine juridische Metapher zurück: „Der Rechtsanspruch aber selbst der gemeinen Menschenvernunft auf Freiheit des Willens gründet sich auf das Bewußtsein und die zugestandene Voraussetzung der Unabhängigkeit der Vernunft von bloß subjektiv-bestimmenden Ursachen, die insgesamt ... unter die allgemeine Benennung der Sinnlichkeit gehört." In seiner Intelligenz, in seinem freien und vernunftbestimmten Willen, sieht der Mensch sein „eigentliches Selbst". Diesem Selbst gilt seine ganze Achtung, ihm gilt seine ganze Sorge.

Die Unbegreiflichkeit der Freiheit

Es gehört zu den bemerkenswerten Aspekten von Kants Philosophie des kategorischen Imperativs, dass er mit der spekulativen Idee der Freiheit auf einer Voraussetzung beruht, deren objektive Realität nicht beweisbar ist. Weil wir die Freiheit ihrer realen Möglichkeit nach nicht erkennen können, begreifen wir auch die „absolute Notwendigkeit" der moralischen Gesetze (Pflichten) nicht. Und dennoch denken wir uns als durch unsere eigene Vernunft im Wollen unbedingt verpflichtet. Warum? Weil wir die Idee der Freiheit praktisch in Anspruch nehmen. Kein Mensch möchte der Spielball von Willkür und Barbarei sein. Keiner möchte ungerecht behandelt werden.

Der Ball hat nichts dagegen, Mittel meines Spiels zu sein. Der Mensch dagegen möchte frei sein.

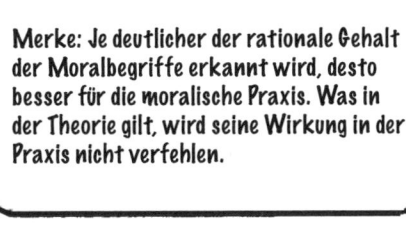

Merke: Je deutlicher der rationale Gehalt der Moralbegriffe erkannt wird, desto besser für die moralische Praxis. Was in der Theorie gilt, wird seine Wirkung in der Praxis nicht verfehlen.

Sulzers Brief und Kants Antwort

Im Dezember 1770 wünscht der Schweizer Johann Georg Sulzer (1720-1779), Mitglied der Berliner Akademie der Wissenschaften und treuer Anhänger der Philosophie Wolffs, von Kant zu erfahren, wann die gelehrte Welt mit der Publikation seiner „Metaphysik der Moral" rechnen könne. Zugleich spricht Sulzer in seinem Brief ein Thema an, dass ihn selbst seit Jahren umtreibt: Warum haben die Vorstellungen der Tugend einen so geringen Effekt auf das wirkliche Handeln der Menschen? Während Sulzer im Rahmen seiner „vermischten Sittenlehre" an der Popularisierung der Tugendbegriffe arbeitet, „die man ohne Mühe und Umwege auf den Unterricht und die Erziehung anwenden kann", hält Kant dies 1785 für den falschen Weg. Wollen wir der Tugend einen Dienst erweisen, dann müssen wir das Moralgesetz in seiner ganzen „Reinigkeit und Strenge" erkennen. Das geht nur im Rahmen der reinen (nicht der empirischen) Philosophie. Je deutlicher der rationale Gehalt der Moralbegriffe erkannt wird, desto besser für die moralische Praxis. Was in der Theorie gilt, wird seine Wirkung in der Praxis nicht verfehlen.

Die Goldene Regel

Im 18. Jahrhundert erfreute sich die Goldene Regel als allgemeines Sittenprinzip großer Beliebtheit: Tue keinem anderen, was du nicht willst, das dir getan werde. Als ein Beispiel unter vielen sei auf die *Anfangsgründe des Naturrechts* (1750) verwiesen, einer von den Göttinger Juristen Gottfried Achenwall (1719-1772) und Johann Stephan Pütter (1725-1807) verfassten Schrift. Kant legt sie seinen Vorlesungen über Naturrecht zugrunde. (Professoren in Preußen waren verpflichtet, ihre Vorlesungen nach einem Kompendium zu halten, so dass die Studenten ihnen besser folgen konnten.) Kant lehnt die Goldene Regel als „Richtschnur oder Prinzip" ab. Erstens handelt es sich bei ihr um ein Prinzip, das aus einem anderen abgeleitet wird. Und zweitens kann diese Regel kein „allgemeines Gesetz sein", weil aus ihr die unvollkommenen und vollkommenen Pflichten gegen andere nicht abgeleitet werden können. Warum sollte ich die Pflicht haben, einer Person wohl zu tun, wenn ich meinerseits bereit wäre, auf ihre Hilfe zu verzichten, wenn es mir einmal schlecht ergehen sollte? Warum sollte es für den Täter nicht vernünftig sein, die ihm drohende Strafe mit dem Argument zurückzuweisen, dass der Richter sie doch auch nicht erleiden wolle?

Die Einteilung der Pflichten

Die Anwendung des kategorischen Imperativs führt zur Erkenntnis von vier Arten von Pflichten, also von Handlungen, zu deren Vollzug uns die reine Vernunft durch das moralische Gesetz verpflichtet. Diese Handlungen haben die Funktion, die Würde des Menschen zu schützen. Kant unterscheidet zwischen Pflichten gegenüber sich und gegenüber anderen Personen. Besondere Pflichten gegenüber Gott haben wir so wenig wie direkte Pflichten gegenüber der belebten und unbelebten Natur. Unsere Pflichten sind entweder vollkommen (sie sind in jedem Fall zu vollziehen) oder unvollkommen (hier gibt es einen Spielraum ihrer Anwendung). Allerdings weist Kant auf unsere indirekt bestehende Pflicht hin, Tiere nicht zu quälen: Wer Tiere quält, wird auch Gefallen daran finden, Grausamkeiten gegenüber Menschen zu verüben. Es gibt Pflichten, etwas zu tun, und Pflichten, etwas zu unterlassen. So sind wir uns selbst gegenüber verpflichtet, uns nicht zu töten (vollkommene Pflicht) und unsere Naturgaben nicht zu vernachlässigen (unvollkommene Pflicht). Ein Beispiel für eine vollkommene Pflicht gegenüber anderen ist das Verbot des lügenhaften Versprechens. Zudem besteht die unvollkommene Pflicht gegen andere, ihnen in Not beizustehen. In der *Tugendlehre* (1798) wird Kant seine Pflichtenlehre nochmals ein Stück weit komplizierter ausdrücken. In ihr weist er mit der fremden Glückseligkeit und der eigenen Vollkommenheit auf zwei oberste Zwecke hin, die zu verfolgen uns die reine Vernunft verpflichtet. Kant nennt sie Tugendpflichten.

Exkurs: Cicero und die stoische Pflichtenlehre

Der römische Staatsmann und Philosoph Marcus Tullius Cicero (106-43 v. Chr.) ist ein Anhänger der stoischen Pflichtenlehre. Seine Schrift *De officiis (Über die Pflichten)* entfaltet noch im 18. Jahrhundert eine ungeheure Wirkung. Nach Friedrich II. (1712-1786) handelt es sich um das beste Buch, „das je über die Moral geschrieben worden, und jemals geschrieben werden wird." Da hat sich der Große König wohl geirrt. Wenige Jahre später erscheint die *Grundlegung*, die auch als Kritik an der stoischen Pflichtenlehre gemeint ist. Dem König würde sie allerdings nicht gefallen haben, hätte er sie denn zur Kenntnis genommen. Zu viel Spekulation, zu viel Metaphysik, zu deutsch.

Das Faktum der Vernunft

Ende 1787 erscheint die *Kritik der praktischen Vernunft*. In ihr reagiert Kant auf zahlreiche Kritikpunkte, die an seiner Lehre vom kategorischen Imperativ geübt worden sind. Vor allem sein Begriff der Freiheit hatte viel Kopfschütteln hervorgerufen. Wenn die Freiheit nur eine Idee der reinen Vernunft ist, welchen Reim soll man sich dann auf die verbindliche Kraft des Moralgesetzes machen? Wie kann der Mensch durch die Vorstellung seiner Pflicht allein zum Handeln bewegt werden, ohne Rücksicht auf seine eigene Glückseligkeit zu nehmen? Kant ändert seine Argumentation und spricht vom „Faktum der reinen Vernunft". Dass die Vernunft ein Faktum (lat. factum rationis) ist, stellt keine wirklich neue Nachricht für die mit der stoischen Philosophie vertrauten Leser dar. Die Vernunft ist in den Gesetzen wirklich, die wir durch das Studium der Natur erkennen. Kant appelliert also an eine Einsicht, die er bei den meisten seiner Kritiker voraussetzen kann. An der „Wirklichkeit der Moral" (Sulzer) zweifeln sie so wenig wie Kant. Aber Kant gibt dem Faktum eine neue Bedeutung: Es ist in unserem Bewusstsein a priori gegeben, nicht in der Natur. Es ist ein Selbsterhaltungsprinzip der reinen Vernunft, nicht ein empirisches Glückseligkeitsprinzip. „Man kann das Bewußtsein dieses Grundgesetzes ein Faktum der Vernunft nennen, weil man es nicht aus vorhergegebenen Datis der Vernunft, z.B. dem Bewußtsein der Freiheit (denn dieses ist uns nicht vorher gegeben), herausvernünfteln kann". Die Freiheit ist „die *ratio essendi* [das Wesensprinzip] des moralischen Gesetzes, das moralische Gesetz aber die *ratio cognoscendi* [das Erkenntnisprinzip] der Freiheit".

(Sprechblase: Principium essendi ...)

Exkurs: Alexander Gottlieb Baumgarten (1714-1762)

Kant entwickelt seine Philosophie auch in Auseinandersetzung mit dem in Halle und später in Frankfurt/Oder wirkenden Philosophen Alexander Gottlieb Baumgarten (siehe oben), dessen Lehrbücher er seinen Vorlesungen über Metaphysik und Ethik zugrunde legt. Kant schätzt die Kürze und Präzision von Baumgartens lateinischem Stil. Er übernimmt viele Begriffe von ihm, gibt ihnen in der Regel aber eine neuartige Bedeutung. So nennt Baumgarten, um ein Beispiel zu geben, in seiner in erster Auflage 1739 publizierten *Metaphysica* (nach der Übersetzung von Georg Friedrich Meier) die *„Quelle"* der Möglichkeit eines Dinges das „principium essendi" und die *„Erkenntnisquelle"* eines Dinges das „principium cognoscendi".

Das höchste Gut

Wir wollen nicht nur wissen, was wir tun sollen. Wir möchten auch wissen, was wir hoffen dürfen. Die Hoffnung zielt auf die Realisierungschancen unserer Zwecke. Den letzten Zweck unseres Handelns nennt Kant das Höchste Gut. In ihm denken wir uns Tugend und Glückseligkeit vereint. Wären wir nur Naturwesen, bestände das höchste (und letzte) Gut unseres Handelns in der Befriedigung unserer Neigungen. Weil wir aber niemals nur Natur sondern immer auch reine Vernunftwesen sind, streben wir nur dann nach unserer Glückseligkeit, wenn dies unserer Tugend nicht abträglich ist. Wir wollen uns durch unser tugendhaftes Streben der Glückseligkeit *würdig* erweisen. Dürfen wir hoffen, das Höchste Gut jemals zu erreichen? Es gibt eine schlechte und eine gute Nachricht. Die schlechte Nachricht lautet, dass der Pfad der Tugend in dieser Welt nicht mit Notwendigkeit zur Glückseligkeit führt. Ganz im Gegenteil kann er ein Pfad von Leid und Entbehrung sein. Oft begegnen uns auch Menschen, deren Glück auf allerlei Lastern gründet. Doch wir haben keinen Anlass, Trübsinn zu blasen. Es gibt eine gute Nachricht. Zwar werden wir niemals vollumfänglich und final glücklich werden. Aber unter der Bedingung der Unsterblichkeit der Seele und des Daseins Gottes dürfen wir hoffen, dass unsere Glückseligkeit proportional zu unserer „Tugendgesinnung" verteilt werden wird. Kant nennt dies seine Lehre von den „Postulaten der reinen praktischen Vernunft".

Die Dialektik der reinen Vernunft

Unsere Hoffnung, uns durch unser tugendhaftes Streben der Glückseligkeit würdig erweisen zu können, geht auf ein Interesse der reinen praktischen Vernunft zurück. Der Mensch ist der Glückseligkeit nicht nur als Naturwesen bedürftig, er will sich ihrer als Vernunftwesen auch würdig erweisen. Bei der Bestimmung des höchsten Gutes gerät die reine Vernunft in eine Dialektik. Ist die Glückseligkeit die Bedingung der Tugend? Oder ist die Tugend Bedingung der Glückseligkeit? Wieder einmal ist der Transzendentale Idealismus die Lösung: Unser Streben nach Glückseligkeit bringt keine „Tugendgesinnung" hervor, aber die „Tugendgesinnung" ist nur dann nicht mit Notwendigkeit mit der Glückseligkeit verknüpft, wenn sie den Bedingungen der Naturkausalität unterliegt. Die Vereinbarkeit von Tugend und Glückseligkeit muss und kann in der intelligiblen Welt als möglich gedacht werden.

Die Postulate der reinen praktischen Vernunft

Die objektive Realität der spekulativen Ideen der Unsterblichkeit der Seele und des Daseins Gottes wird immer zweifelhaft bleiben. Aber sie haben eine moralisch-praktische Bedeutung, wie Kant im Rahmen seiner Postulatenlehre seiner zweiten *Kritik* ausführt. Ein Postulat ist eine Aussage, in der etwas bestimmt wird, was für etwas anderes erforderlich ist. Wenn das Höchste Gut (Tugend und Glückseligkeit) das notwendige Objekt der reinen praktischen Vernunft ist, dann müssen wir eine *„völlige Angemessenheit"* der Gesinnungen zum moralischen Gesetz" erwarten können. Das Ideal eines heiligen Willens kann aber nur als ein *„ins Unendliche* gehender *Progressus"* (Fortschritt) gedacht werden. Dieser setzt die Unsterblichkeit unserer Seele voraus. (Im Reich der moralisch-praktischen Hoffnung gibt es keinen Tod.) Die zweite Voraussetzung (das zweite Postulat) für das Höchste Gut stellt die Idee Gottes dar. Gott ist der gerechte Richter, der jedem dasjenige zuteilen wird, was er entsprechend seiner Gesinnung verdient hat. – Ob Martin Lampe dieser Beweis überzeugt hat? Wir werden es niemals erfahren.

Moral ohne Hoffnung?

Das Höchste Gut und die Postulate sind Gegenstände unseres Hoffens und Glaubens. Wäre das Höchste Gut an sich unmöglich, wäre unser moralisches Streben chimärisch. Es hätte keinen (letzten) Zweck. Diese Auffassung Kants sollte jedoch nicht so verstanden werden, als ob ein Mensch, der sich von der Unsterblichkeit der Seele und dem Dasein Gottes subjektiv nicht zu überzeugen vermag, keinen Grund hätte, moralisch zu sein. Zum einen fordert Kant die Atheisten dieser Welt auf, konsequenter zu denken. Selbst der moralisch aufrichtige Baruch de Spinoza (1632-1677), dessen Philosophie zu Kants Lebzeiten als atheistisch und materialistisch gilt, muss, wenn er die Angelegenheit nur recht durchdenken würde, die Gültigkeit des moralischen Schlusses auf das Dasein Gottes anerkennen. Und zum anderen begründet die Lehre vom Höchsten Gut weder die Verbindlichkeit des moralischen Gesetzes noch stellt es das Motiv dar, warum wir moralisch handeln. Das Gebot, aus Pflicht, aus Achtung vor dem Moralgesetz zu handeln, gilt für alle Menschen. Auch für die hoffnungslosen Atheisten (und Polytheisten).

Kritik des Geschmacks

Mitte der achtziger Jahre geht Kant erneut ein großes Licht auf. Bisher war er davon ausgegangen, dass es im Bereich unseres Gefühls der Lust und Unlust keine Prinzipien a priori gibt. Ob uns etwas gefällt oder nicht, ist Sache des Geschmacks. Das haben Ästhetiker wie Henry Home (Lord Kames) und David Hume auch immer behauptet. Und sie scheinen Recht zu haben. Über die Geschmäcker lässt sich nicht streiten („de gustibus non est disputandum"). Ob wir in unseren ästhetischen Urteilen übereinstimmen oder nicht, ist letztlich zufällig. Eine Frage der Kultur. Doch jetzt entdeckt Kant, dass die Urteilskraft auch reflexiv gebraucht werden kann. Er kommt zu der Überzeugung, dass sie ein Vermögen von Prinzipien des Geschmacks ist, die a priori gelten. Wie kann das sein? Wenden wir uns der Logik des reinen (nicht empirisch bedingten) ästhetischen Urteils zu. Reflektieren wir über einen Gegenstand aus der ästhetischen Perspektive, wollen wir in Erfahrung bringen, ob er schön oder hässlich ist. Wir tun dies, indem wir auf die Formen des Gegenstandes achtgeben. Dabei abstrahieren wir von allem Interesse, das wir an seinem Dasein nehmen könnten. Die Lust geht der Beurteilung des Gegenstandes nicht vorher. Sie ist vielmehr eine Folge dieser Beurteilung. Wir empfinden Lust, weil die bloße Reflexion über ihn Lust in uns hervorruft. Empfinden wir diese Lust, urteilen wir, dass der Gegenstand schön ist. Diese Lust kann anderen Personen nicht nur mitgeteilt werden. Wir fordern sie buchstäblich auf, unserem reinen ästhetischen Geschmacksurteil zuzustimmen. Was berechtigt uns dazu?

Das freie Spiel der Erkenntniskräfte

Unsere Erkenntnis beruht auf dem Verhältnis von Sinnlichkeit und Verstand. Zwischen diesen beiden Vermögen vermittelt die Einbildungskraft. Wird sie durch die reinen Begriffe (Kategorien) des Verstandes bestimmt, dann erkennen wir einen Gegenstand. Im reinen ästhetischen Geschmacksurteil liegt jedoch kein kategorisch bestimmtes Verhältnis zwischen Einbildungskraft und Verstand vor. Vielmehr spricht Kant von dem „freien Spiel von Einbildungskraft und Verstand". Es belebt unser Gemüt. Wir empfinden Lust, die wir allen anderen Menschen zuzumuten berechtigt sind. Wer Gegenstände erkennen kann, der kann auch in Freiheit über ihre Schönheit reflektieren. Es ist eine Freiheit der Reflexion, nicht des Willens.

Hannah Arendt (1906-1975), die keine Philosophin sein wollte

Daß der erste Teil der Kritik der Urteilskraft eigentlich eine Philosophie der Politik ist, ist in der Kant-Literatur nur selten bemerkt worden; dafür aber kann man, glaube ich, nachweisen, daß für Kant selbst in allen seinen eigentlichen politischen Schriften die Thematik der ‚Urteilskraft' maßgeblicher war als die der ‚praktischen Vernunft'.

Ästhetische Autonomie

Kant erweist sich als Meister paradoxer Formulierungen und eifert seinen Vorbildern Hume und Rousseau nach. Mit ihren paradoxen Begriffen und Ideen beleben sie unser Denken, stimulieren sie uns, die Dinge in einem anderen Licht zu sehen, d. h. unsere Denkungsart zu ändern. Paradox im weitesten Sinne des Wortes ist alles, was unseren Erwartungen widerspricht. Hätten Sie vor der Kant-Lektüre gewusst, dass es eine „Zweckmäßigkeit ohne Zweck", eine „Gesetzmäßigkeit ohne Gesetz" und eine *freie Gesetzlichkeit* der Einbildungskraft" gibt? Oder dass ein einzelnes Urteil allgemeine Gültigkeit a priori beanspruchen kann? Vermutlich nicht. Selbst den Begriffen der Autonomie und Heteronomie gibt Kant im Rahmen seiner Lehre vom reinen ästhetischen Geschmacksurteil eine gegenüber seinen moralphilosophischen Schriften erweiterte Bedeutung: „Der Geschmack macht bloß auf Autonomie Anspruch. Fremde Urteile sich zum Bestimmungsgrunde des seinigen zu machen, wäre Heteronomie."

Beherrschung der Triebe durch die moralische Kraft ist Geistesfreiheit, und Würde heißt ihr Ausdruck in der Erscheinung.

Friedrich Schiller (1759–1805), Dichter, Philosoph, Historiker, Anhänger und Kritiker von Kants Ethik und Ästhetik

Natur, Kunst und Genie

Es besteht eine Verwandtschaft zwischen dem Schönen und dem moralisch Guten. Das eine leitet zum anderen über. Die Schönheit ist ein Symbol der Sittlichkeit. Sie bereitet uns auf das Gute vor, weil sie Unparteilichkeit im Urteil von uns verlangt – und zugleich ein Interesse am Intellektuellen (dem Übersinnlichen) bewirkt. Wir partizipieren in moralischer wie ästhetischer Hinsicht an einer gemeinsamen Welt von Bedeutungen, die nicht auf die Sprache von Mathematik und Physik reduziert werden kann. Der Mensch ist nicht nur ein denkendes und handelndes, er ist auch ein fühlendes Wesen. Die freie Reflexion über die Natur lässt uns Formen in ihr entdecken, die uns erfreuen. Zugleich bringt der Künstler seine Werke in Freiheit hervor. Die schöne Kunst zielt auf eine Lust der Reflexion, die „die Kultur der Gemütskräfte zur geselligen Mitteilung befördert". Es ist das Genie, das „der Kunst die Regel" gibt, ohne sich dabei der Begriffe und Zwecke zu bedienen. Das Genie ist „ein Günstling der Natur"; es besitzt „die musterhafte Originalität der Naturgabe eines Subjekts im *freien* Gebrauche seiner Erkenntnisvermögen." Weil sie ihren Ursprung fast gänzlich dem Genie zu verdanken hat, nimmt die Dichtkunst unter den schönen Künsten den höchsten Rang ein.

Das Erhabene

Neben dem Schönen beschäftigt sich Kant in der dritten *Kritik* auch mit dem Erhabenen. Wie das Schöne gefällt das Erhabene, es setzt ein Reflexionsurteil voraus und wird in einem einzelnen Urteil zum Ausdruck gebracht. Während das Schöne aber auf der zweckmäßigen Form des Gegenstandes für unsere Erkenntniskräfte beruht und ein unmittelbares Gefühl der Beförderung des Lebens mit sich führt, geht das Gefühl des Erhabenen auf die Wahrnehmung eines formlosen und somit als zweckwidrig beurteilten Gegenstandes zurück. Obwohl der formlose Gegenstand unsere Lebenskräfte zunächst hemmt, lässt er uns doch eine Zweckmäßigkeit fühlen. Sie hat ihren Grund allein „in uns" und in unserer „Denkungsart". Es ist unsere Einbildungskraft, die unser Gemüt durch die als zweckwidrig für unsere Urteilskraft empfundene Vorstellung des Gegenstandes dazu bringt, „sich mit Ideen, die höhere Zweckmäßigkeit enthalten, zu beschäftigen". Diese Beschäftigung bewirkt „eine *Bewegung* des Gemüts", die mit Lust verbunden ist. Erhaben ist nicht der formlose Gegenstand. Erhaben ist vielmehr unser Gemütszustand, weil er sich mit diesen Ideen beschäftigt. Weil die Einbildungskraft den Gegenstand „entweder auf das *Erkenntnis*- oder auf das *Begehrungsvermögen*" bezieht, unterscheidet Kant zwischen dem Mathematisch-Erhabenen (Erkenntnisvermögen) und dem Dynamisch-Erhabenen (Begehrungsvermögen).

Das Dynamisch-Erhabene

Auf welche Ideen ist das Erhabene bezogen? Verweilen wir beim Dynamisch-Erhabenen. Wir beurteilen die Natur als dynamisch-erhaben, wenn sie eine Macht darstellt, die keine Gewalt über uns Menschen hat. Diese Geistesstimmung stellt sich selbstverständlich nur dann ein, wenn wir uns im Angesicht der machtvollen Natur in Sicherheit wiegen, nicht aus Sorge um Leib und Leben von Furcht ergriffen werden. Der aus sicherer Entfernung erfolgende Anblick eines Vulkanausbruchs wird als erhaben empfunden, weil er „ein Vermögen zu widerstehen von ganz anderer Art in uns entdecken" lässt, „welches uns Mut macht, uns mit der scheinbaren Allgewalt der Natur messen zu können." Als physische Wesen wäre unser Kampf mit der Naturgewalt von vornherein vergeblich. Aber wir beurteilen uns im Gefühl des Erhabenen doch als unabhängig von der Natur und ihrer Macht existierende Wesen. Das Gefühl des Erhabenen hat unsere sittliche Natur zur Voraussetzung, die durch keine Macht der Natur vernichtet werden kann. Die Reflexion über die Gewalt der Natur lässt uns unsere moralische Bestimmung entdecken.

60

Kritik der teleologischen Urteilskraft

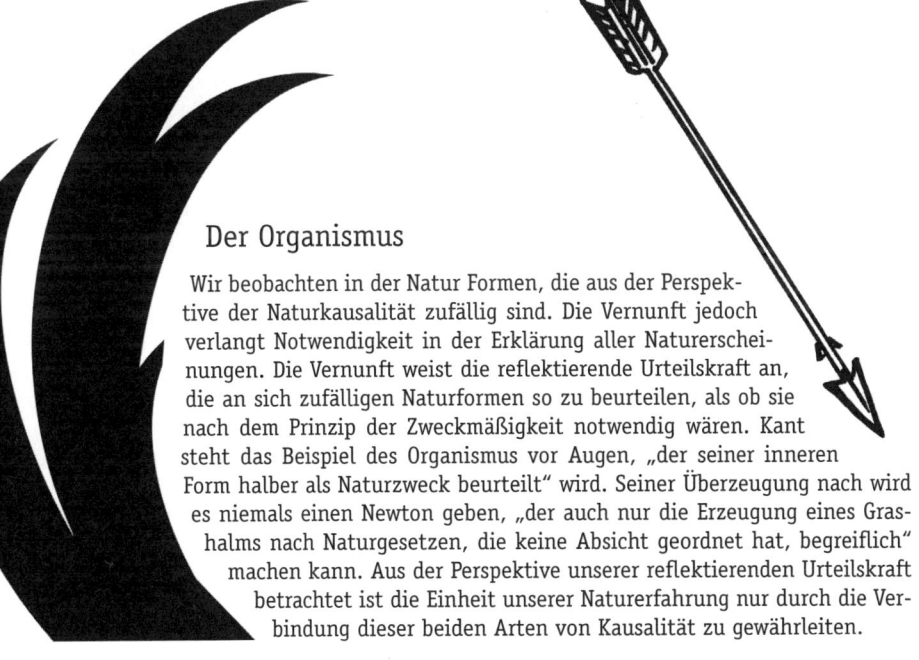

Mit der dritten *Kritik* verfolgt Kant eine wichtige Mission: Er möchte die Kluft zwischen Natur und Freiheit überwinden. Wie macht er das? Auf keinen Fall will er davon ausgehen, dass die Zweckmäßigkeit eine die Gegenstände der Natur selbst konstituierende Form der Kausalität ist, wie dies Philosophen über viele Jahrhunderte hinweg immer wieder behauptet haben. Von der Zweckmäßigkeit (oder Teleologie) der Natur zu sprechen bedeutet, dass die Natur selbst Zwecke verfolgt. Denken wir uns Gott als den Schöpfer der Welt, ergibt diese These Sinn. Erkennen wir die Natur, erkennen wir die Zwecke, die Gott in ihr und mit uns in ihr verfolgt. Doch Kant lehnt diesen Gedanken ab. Die eigentliche Naturwissenschaft kennt keine Finalursächlichkeit (lat. causa finalis). Sie kennt nur das Gesetz der Wirkursachen (lat. causa efficiens). Der Pfeil fällt nicht vom Himmel, weil er sein Telos erreichen will. Sein Flug wird durch das Gravitationsgesetz bestimmt. Deutet sich im ersten Teil der dritten *Kritik* („Kritik der ästhetischen Urteilskraft") mit dem Begriff der reflektierenden Urteilskraft bereits eine Lösung für die Überwindung der zwischen Natur und Freiheit bestehenden Kluft an, expliziert sie Kant im zweiten Teil seiner Schrift („Kritik der teleologischen Urteilskraft"). Zwar ist die Zweckmäßigkeit kein unsere Erfahrung konstituierendes Prinzip. Aber es finden sich in der Natur doch Formen, die es erfordern, sie aus der Perspektive der Zweckmäßigkeit zu betrachten. Welche Formen sind das?

Der Organismus

Wir beobachten in der Natur Formen, die aus der Perspektive der Naturkausalität zufällig sind. Die Vernunft jedoch verlangt Notwendigkeit in der Erklärung aller Naturerscheinungen. Die Vernunft weist die reflektierende Urteilskraft an, die an sich zufälligen Naturformen so zu beurteilen, als ob sie nach dem Prinzip der Zweckmäßigkeit notwendig wären. Kant steht das Beispiel des Organismus vor Augen, „der seiner inneren Form halber als Naturzweck beurteilt" wird. Seiner Überzeugung nach wird es niemals einen Newton geben, „der auch nur die Erzeugung eines Grashalms nach Naturgesetzen, die keine Absicht geordnet hat, begreiflich" machen kann. Aus der Perspektive unserer reflektierenden Urteilskraft betrachtet ist die Einheit unserer Naturerfahrung nur durch die Verbindung dieser beiden Arten von Kausalität zu gewährleisten.

Der Zweck der Natur

Vom Organismus als eines Zweckes in der Natur führt ein direkter Weg zum Zweck der Natur. Wenn es in der Natur zweckmäßige Gebilde gibt, welchen Zweck hat dann die Natur? Diese Frage kann keine Mathematik und keine Naturwissenschaft beantworten. Selbst das Smartphone ist ratlos. Es bietet keine Antwort auf die Frage nach seiner eigenen Sinnhaftigkeit. Die müssen wir Menschen geben. Und damit sind wir auch schon auf die Antwort gestoßen. (So kurzweilig kann Philosophie sein.) Der Endzweck der Natur, das ist der Mensch. Die Schöpfung ist um des Menschen willen da. Der Mensch setzt sich selbst Zwecke. Sein oberster Zweck besteht entweder in seiner Glückseligkeit oder in seiner Kultur. Für welchen dieser beiden Zwecke bereitet die Natur den Menschen vor? Was das Verlangen nach Glückseligkeit betrifft, ist der Mensch sicherlich kein „Liebling" der Natur. Er wird von den Plagen des blinden Naturmechanismus, die auch die anderen Lebewesen heimsuchen, nicht verschont. Hinzu treten die Übel, die der Mensch selbst zu verantworten hat, an erster Stelle der Krieg. Der letzte und höchste Zweck, für dessen Erreichung die Natur den Menschen vorbereitet hat, ist seine Befähigung, nach selbstgewählten Zwecken zu handeln. Kant nennt dieses Vermögen Kultur und ist optimistisch, dass er diesen Zweck als Gattungswesen auch erreichen könnte. Wenn er denn wollte.

Ethikotheologie

Existiert der Mensch als Endzweck in der Welt, dann muss er von einer obersten, nach Zwecken handelnden Ursache hervorgebracht worden sein. Zugleich wäre die Natur ohne den Menschen „umsonst und ohne Endzweck". Kant verabschiedet die klassische Physikotheologie, die aus empirischen Eigenschaften der Natur auf das Dasein eines vernünftigen Schöpfers zu schließen versucht, zugunsten der Ethikotheologie (Moraltheologie). Aus Gründen der reinen praktischen Vernunft müssen wir uns die Natur so denken, als ob sie unserer moralischen Bestimmung wegen erschaffen worden wäre. Wir müssen uns die Welt als einen freiheitsaffinen Ort vorstellen. Zielt der moralisch-praktische Gottesbeweis der zweiten *Kritik* auf die jenseitige Welt der Unsterblichkeit und des uns richtenden Gottes, verschiebt sich mit der Ethikotheologie der dritten *Kritik* der Fokus auf unsere reale Handlungswelt. Wir dürfen als Gattung Mensch hoffen, mit vereinten Kräften unseren Zweck in der Welt zu erreichen: unsere Autonomie.

Wir müssen der Physik Flügel verleihen!

Im Tübinger Stift

Im Tübinger Evangelischen Stift diskutieren drei Studenten der Theologie, Georg Friedrich Wilhelm Hegel (1770-1831, siehe oben-mitte), Friedrich Hölderlin (1770-1843, siehe oben-links) und Friedrich Wilhelm Joseph Schelling (1775-1854, siehe oben-rechts), über die Zukunft der Philosophie. Kant hat uns einige Resultate geliefert. Doch das System ist er uns schuldig geblieben. Sie sind überzeugt, dass die *Kritik der Urteilskraft* den Weg für die Überwindung des Dualismus von Natur und Freiheit weist. Doch den Mechanismus der Natur wollen sie nicht anerkennen. Ein von Hegels Hand angefertigtes und in der ersten Person Singular verfasstes Bruchstück eines um 1796 entstandenen philosophischen Programmentwurfs hat die Jahrhunderte überdauert. Wenige Zeilen Lektüre genügen, um die Distanz zu erahnen, die Tübingen von Königsberg trennt. „Da die ganze Metaphysik künftig in die *Moral* fällt (wovon Kant mit seinen beiden praktischen Postulaten nur ein Beispiel gegeben, nicht erschöpft hat) so wird diese Ethik nichts anderes als ein vollständiges System aller Ideen, oder, was dasselbe ist, aller praktischen Postulate sein. Die erste Idee ist natürlich die Vorstellung von mir selbst, als einem absolut freien Wesen. Mit dem freien, selbstbewußten Wesen tritt zugleich eine ganze *Welt* – aus dem Nichts hervor – die einzig wahre und gedenkbare Schöpfung aus dem *Nichts*. Hier werde ich auf die Felder der Physik herabsteigen; die Frage ist diese: wie muß eine Welt für ein moralisches Wesen beschaffen sein? Ich möchte unsrer langsamen an Experimenten mühsam fortschreitenden Physik einmal wieder Flügel geben." Wir wünschen guten Flug!

Exkurs: Georg Friedrich Wilhelm Hegel (1770-1831)

Mit Hegels Philosophie erhält der Begriff der spekulativen Philosophie eine ganz neue Bedeutung. Die in seiner *Phänomenologie des Geistes* (1807) vorgeführte Selbstentfaltung des Selbstbewusstseins ist in der Geschichte der Philosophie beispiellos. Hegel, seit 1818 Professor in Berlin, ist ein scharfsinniger und scharfzüngiger Geist. Die Philosophie der Aufklärung lehnt er als ebenso einseitig ab, wie er Kants Philosophie für ein Moment in der Entwicklungsgeschichte des absoluten Geistes begreift. Berühmt ist sein Vorwurf gegenüber dem kategorischen Imperativ, als einem bloß formalen Moralprinzip zu keinen konkreten Inhalten zu gelangen.

Rückblende: Die Entstehung des Universums aus dem Chaos

Im Jahre 1755 erscheint Kants *Allgemeine Naturgeschichte und Theorie des Himmels*. Er hat wieder einmal Großes vor. Er möchte mit Newton über Newton hinausgehen. Während der englische Physiker und Philosoph bestreitet, dass das Weltall in seiner Schönheit und Harmonie allein aus den von ihm entdeckten mechanischen Prinzipien (Attraktion und Repulsion) entstanden ist, möchte Kant genau dies nachweisen: Das Weltall ist aus dem „Urstoff aller Dinge", der Materie, entstanden. Gott hat den Entwurf des Weltgebäudes bereits in die „allgemeinen Bewegungsgesetze gepflanzt". Weil die Materie „keine Freiheit" hat „von diesem Plane der Vollkommenheit abzuweichen", greift Gott in den Lauf der Dinge nicht ein. „Mich dünkt, man könne hier in gewissem Verstande ohne Vermessenheit sagen: *Gebet mir Materie, ich will eine Welt daraus bauen!*" Kant ist guter Dinge: Ist erst einmal „der Ursprung der ganzen gegenwärtigen Verfassung des Weltbaues" aus rein mechanischen Prinzipien erklärt worden, dann wird dies zukünftig auch bei den „geringsten Pflanzen" oder einem „Insekt" geschehen können. Kant hat einen neuen Gottesbeweis gefunden: Weil „*die Natur auch selbst im Chaos nicht anders als regelmäßig und ordentlich verfahren kann*", existiert Gott. 1781 will er davon nichts mehr wissen. Übrigens: Kants Kosmogonie (Theorie der Welterzeugung) wird heute hin und wieder in einem Atemzug mit der unabhängig von ihr entstandenen Konzeption des französischen Astronomen und Mathematikers Pierre-Simon Laplace (1749-1827) genannt (Kant-Laplace-Theorie).

Super, wir sind nicht allein!

Auch die Freundinnen und Freunde von Science Fiction kommen bei Kant auf ihre Kosten: „Indessen sind doch die meisten unter den Planeten gewiß bewohnt, und die es nicht sind, werden es dereinst werden." Wo heute Ödnis und Finsternis herrschen, könnte sich in „Jahrhunderten und vielleicht Tausenden von Jahren" Leben entwickeln. Wir dürfen mit „Befriedigung vermuten", dass ein heute unbewohnter Planet „es dennoch einst werden wird, wenn die Periode seiner Bildung wird vollendet sein." Das Universum existiert dem Raum und der Zeit nach unendlich. Neue Welten entstehen, alte gehen unter, versinken im Chaos. „... alles, was einen Anfang hat, nähert sich beständig seinem Untergange, und ist demselben um so viel näher, je mehr es sich von dem Punkt seines Anfanges entfernet hat."

Der Zauber ist vorbei!
Husch, husch, Herr
Kant, verlassen sie
rasch die Manege.

Kant rezensiert Herder

In den Jahren 1762 bis 1764 studiert der aus Mohrungen stammende Johann Gottfried Herder bei Kant. Er sollte sein berühmtester unmittelbarer Schüler werden. Herder war stolz, als Student Kants „Urteile über Leibniz, Newton, Wolff, Crusius, Baumgarten, Helvétius, Hume, Rousseau … gehört" zu haben. „Scherz, Witz und Laune", so führt er aus, standen seinem Lehrer „zu Gebot; immer aber zu rechter Zeit, und also daß wenn jedermann lachte, er dabei ernst blieb. Sein öffentlicher Vortrag war wie ein unterhaltender Umgang". Dreißig Jahre später ist die gute Laune dahin, die Stimmung im Keller. Herder publiziert seine *Ideen zur Philosophie der Geschichte der Menschheit* (1784-85). Kant ist aufgebracht und rezensiert das Werk. Stil und Inhalt gefallen ihm nicht. „Der Geist unseres sinnreichen und beredten Verfassers zeigt in dieser Schrift seine schon anerkannte Eigentümlichkeit." Das ist nicht als Kompliment gemeint. Es ist ein Verriss. Herder dichtet und schwärmt, aber er denkt nicht. Herders „Philosophie der Geschichte der Menschheit" ist „nicht etwa eine logische Pünktlichkeit in Bestimmung der Begriffe, oder sorgfältige Unterscheidung und Bewährung der Grundsätze, sondern ein sich nicht lange verweilender, viel umfassender Blick, eine in Auffindung von Analogien fertige Sagacität [Scharfsinn], im Gebrauche derselben aber kühne Einbildungskraft, verbunden mit der Geschicklichkeit, für seinen immer in dunkler Ferne gehaltenen Gegenstand durch Gefühle und Empfindungen einzunehmen, die als Wirkungen von einem großen Gehalte der Gedanken, oder als vielbedeutende Winke mehr von sich vermuten lassen, als kalte Beurteilung wohl gerade zu in denselben antreffen würde." Kant ahnt es: Das Zeitalter der Kritik wird stürmisch.

Herder schreibt die Metakritik zur Kritik

In seiner Schrift *Verstand und Erfahrung. Eine Metakritik zur Kritik der reinen Vernunft* (1799) holt Herder zum finalen Schlag aus. Der kritische Weg allein soll noch offen sein? Mitnichten. „Der Zauber ist vorbei. Daß man dieser Philosophie ein so zutrauendes günstiges Ohr lieh, geschah in großer und guter Erwartung. Sie versprach so viel; anmaßend drang sie sich auf; was hat sie geleistet? Mit Protestationen gegen allen Dogmatismus ist sie die absprechendste Gebieterin in einer Sprache geworden, die sich vorher keine Schule erlaubte."

Geschichtsphilosophie

Ob eine Person moralisch gut oder schlecht ist, hängt von ihrem Willen ab. Die Differenz zwischen einer aus Achtung oder aus Neigung vollzogenen Handlung entzieht sich jedoch der Beobachtung. Oft sind uns Menschen unsere eigenen handlungseffektiven Motive unklar. Wer kann sich sicher sein, dass er dem Armen aus Achtung vor dem Moralgesetz und nicht aus Verlangen nach öffentlicher Anerkennung hilft? Anders verhält es sich mit dem moralischen Charakter der menschlichen Gattung. Er zeigt sich im öffentlichen Gebrauch, den das menschliche Geschlecht von seiner Freiheit macht. In seinen Vorlesungen über Anthropologie beschäftigt sich Kant seit Mitte der siebziger Jahre mit geschichtsphilosophischen Themen. Denn die Frage nach dem moralischen Charakter unserer Gattung hat eine zeitliche, eine geschichtliche Dimension. Sie ist eng mit unserer Denkungsart verknüpft. Lässt sich in ihr eine Tendenz zum Moralisch-Besseren beobachten, dann wäre unser Geschlecht trotz aller von ihm zu verantwortenden Grausamkeiten und Kriege liebenswert. Die menschliche Gattung hat eine Bestimmung: den Frieden. Diese Bestimmung erreicht sie in einer nach republikanischen Prinzipien organisierten „weltbürgerlichen Verfassung", in der Freiheit und Gleichheit der Menschen gesichert sind. Autonomie durch Recht.

Die große Künstlerin Natur

Der Mensch zeichnet sich durch eine „ungesellige Geselligkeit" aus, er wird durch die Motive der „Ehrsucht, Herrschsucht oder Habsucht" getrieben. Aber hinter seinem Rücken verfolgt die Natur einen Plan. Der Mensch ist frei geboren, aber die Natur bedient sich seiner tierischen Natur, um ihn in einen geschichtlichen Entwicklungsprozess einzubinden, in den zu treten und zu vollenden der Mensch aus eigener Einsicht niemals gedacht hätte. Dass das Böse, das Leid, das Elend, die Not Mittel zur Beförderung des Guten sind, dies ist in den Augen Kants die paradoxe Pointe der Entwicklungsgeschichte der Menschheit. Im „Spiele der menschlichen Freiheit" verfolgt die Natur einen Plan. Dies ist zumindest die Perspektive, aus der der Mensch als Vernunftwesen das Verhältnis von Natur und Mensch beurteilt.

Kann der moralisch-rechtliche Fortschritt bewiesen werden?

Kant gibt im Laufe der Jahre verschiedene Antworten auf diese Frage. Ob der „regelmäßige Gang der Verbesserung der Staatsverfassung in unserem Weltteile" zukünftig auch allen anderen Weltteilen „Gesetze geben wird", scheint ihm 1784 „wahrscheinlicher Weise" so zu sein. Anfang der neunziger Jahre äußert er sich schon etwas optimistischer: Der Mensch soll aus moralisch-rechtlichen Gründen den ewigen Frieden befördern. Aber wenn er dies unterlassen sollte, wird die Natur ihn beim Schopfe der Klugheit packen und ihn in diesen Zustand zwingen. Einen aus dem Begriff der Denkungsart der Menschen geführten moralisch-praktischen Beweis gibt Kant 1798 im *Streit der Fakultäten*. Dieser Beweis beruht auf der Reaktion der Zuschauer auf den Versuch des französischen Volkes, sich selbst seit 1789 eine republikanische Verfassung zu geben. Die Zuschauer reagieren enthusiastisch auf die Ereignisse in Frankreich, weil die republikanische Regierungsform Ausdruck des vernünftigen Willens eines Volkes ist. Republiken, so lautet Kants These, sind ihrer inneren Verfassung nach friedliebend. Kein Bürger zieht freiwillig in den Krieg. Der Fortschritt der Menschheit selbst zum Moralisch-Besseren ist garantiert, weil die Zuschauer fortan auf entsprechende Reformen in ihrem eigenen Staatswesen drängen werden. Der Rechtsfortschritt wird also nicht allein durch Unrechtserfahrungen bewirkt. Der Motor des reformatorischen Rechtsfortschritts ist die Beobachtung, dass das Vernunftrecht in realen politischen Verhältnissen wirklich wird und werden kann. In der Reaktion der unbeteiligten und daher der Parteilichkeit unverdächtigen Zuschauer auf die Französische Revolution kulminiert nach Kant ein Geschichtsprozess, der von der „großen Künstlerin Natur" initiiert und langfristig geplant worden ist. Aber er bedarf auch der moralischen Anteilnahme und Mitwirkung durch den Menschen. Der Mensch ist als Gattungswesen gut. An die Arbeit! Wir schaffen das.

Königsberger Gelehrte Zeitungen
Oktober 1791

Gesetzgebende Nationalversammlung
in Frankreich einberufen!

Der Wert der Völker

So wie die Würde des einzelnen Menschen Grade kennt (ohne jemals unter Null zu fallen), bemisst sich in rechtlich-politischer Hinsicht der Wert eines Volkes an dem Beitrag, den es für den Fortschritt der bürgerlichen Verfassung geleistet hat und leistet. Herders These über den einem jeden Volk inhärenten Wert ist nach Kants Verständnis unhaltbar. Ohne Freiheit wäre alles nichts.

Wir müssen mehr Aufklärung wagen

Wie würden wir heute über das Zeitalter der Aufklärung sprechen, wenn es Kant nicht gegeben hätte? Eine gute Frage. Den einen gilt er als ihr Überwinder, den anderen als ihr Vollender. Kant überwindet die Aufklärung, weil er eine Philosophie der Freiheit und der Geschichte entwickelt, die in ausdrücklicher Abgrenzung zur Frühaufklärung nicht um die Begriffe des Glücks und der Nützlichkeit kreisen. Kant vollendet die Aufklärung, weil er sie als einen Prozess mit einer klaren Zielsetzung begreift, den wir Menschen erkennen können, obwohl wir diesem Prozess selbst unterworfen sind. Das Ziel der Aufklärung ist die Mündigkeit des Menschen, die jeder Einzelne zwar wagen und anstreben, aber nur als Gattungswesen, im Verbund und mit den vereinten Kräften aller Menschen zu erreichen hoffen kann. In seinem Epoche machenden Aufsatz von 1784 „Beantwortung der Frage: Was ist Aufklärung?" bringt Kant das Programm der Aufklärung, so wie er es sieht, auf den Punkt: *„Aufklärung ist der Ausgang des Menschen aus seiner selbst verschuldeten Unmündigkeit. Unmündigkeit* ist das Unvermögen, sich seines Verstandes ohne Leitung eines anderen zu bedienen. *Selbstverschuldet* ist diese Unmündigkeit, wenn die Ursache derselben nicht an Mangel des Verstandes, sondern der Entschließung und des Muts liegt, sich seiner ohne Leitung eines andern zu bedienen. Sapere aude! Habe Mut dich deines *eigenen* Verstandes zu bedienen! ist also der Wahlspruch der Aufklärung."

> **Sapere aude!**

> **Also, Herr Kant, so recht will mir das nicht einleuchten: Sie fordern den Menschen auf, selbstständig zu denken. Aber ist es nicht viel wichtiger, WAS er denkt? Wenn die geistige Leitung etwas richtig VORdenkt, ist es doch kein Frevel, dieses ihm NACHzudenken.**

Aufklärung und Selbstbestimmung

Was geht mich der „Wahlspruch der Aufklärung" an? Was kümmert mich meine Unmündigkeit, wenn die Stimmung gut, die Familie gesund und die Felder bestellt sind? Die Antwort liegt auf der Hand. Sie erinnert an Rousseau. Wer sich nicht um seine Mündigkeit bemüht, wer kein Interesse daran nimmt, seine Vorurteile zu überwinden und in politisch-rechtlichen Verhältnissen zu leben, in denen der Despotismus der Dummheit und die Arroganz der Macht nach Prinzipien, Schritt für Schritt, überwunden werden, der nimmt kein Interesse an seiner Selbstbestimmung. Dieser Person ist ihre Vernunft, ihr freier Wille und ihr „eigentliches Selbst" gleichgültig. Ein einzelner Mensch kann seine „Aufklärung aufschieben; aber auf sie Verzicht zu tun, es sei für seine Person, mehr aber noch für die Nachkommenschaft, heißt die heiligen Rechte der Menschheit verletzen und mit Füßen treten."

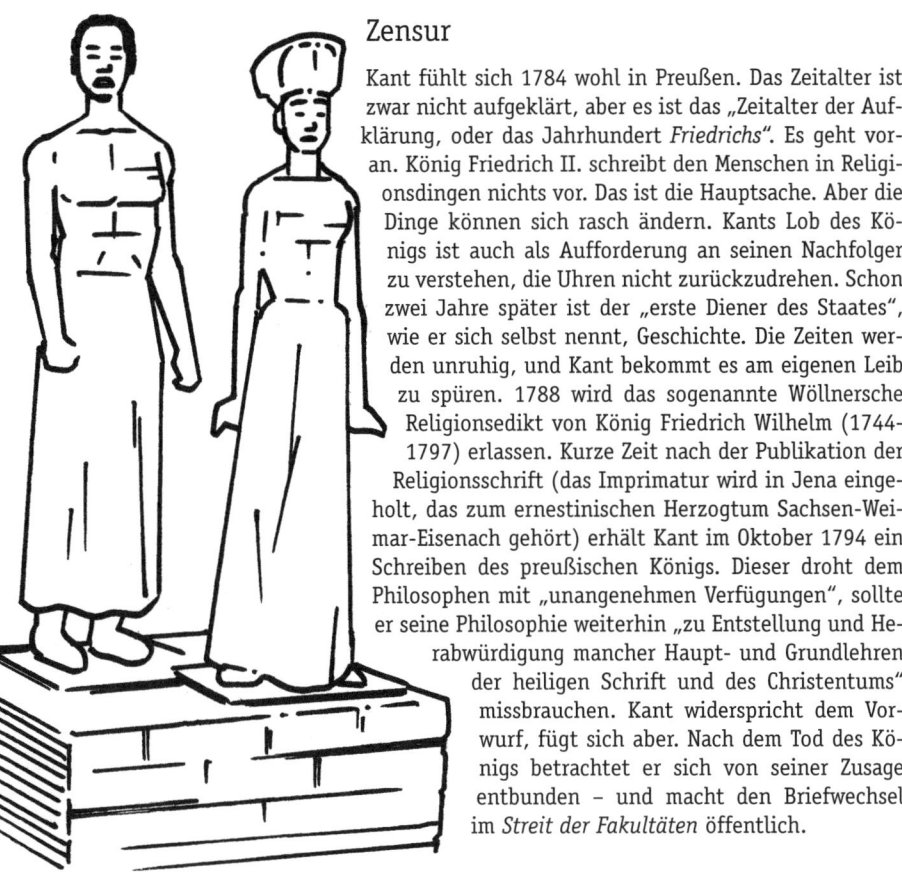

Zensur

Kant fühlt sich 1784 wohl in Preußen. Das Zeitalter ist zwar nicht aufgeklärt, aber es ist das „Zeitalter der Aufklärung, oder das Jahrhundert *Friedrichs*". Es geht voran. König Friedrich II. schreibt den Menschen in Religionsdingen nichts vor. Das ist die Hauptsache. Aber die Dinge können sich rasch ändern. Kants Lob des Königs ist auch als Aufforderung an seinen Nachfolger zu verstehen, die Uhren nicht zurückzudrehen. Schon zwei Jahre später ist der „erste Diener des Staates", wie er sich selbst nennt, Geschichte. Die Zeiten werden unruhig, und Kant bekommt es am eigenen Leib zu spüren. 1788 wird das sogenannte Wöllnersche Religionsedikt von König Friedrich Wilhelm (1744-1797) erlassen. Kurze Zeit nach der Publikation der Religionsschrift (das Imprimatur wird in Jena eingeholt, das zum ernestinischen Herzogtum Sachsen-Weimar-Eisenach gehört) erhält Kant im Oktober 1794 ein Schreiben des preußischen Königs. Dieser droht dem Philosophen mit „unangenehmen Verfügungen", sollte er seine Philosophie weiterhin „zu Entstellung und Herabwürdigung mancher Haupt- und Grundlehren der heiligen Schrift und des Christentums" missbrauchen. Kant widerspricht dem Vorwurf, fügt sich aber. Nach dem Tod des Königs betrachtet er sich von seiner Zusage entbunden – und macht den Briefwechsel im *Streit der Fakultäten* öffentlich.

Ein Denkmal für Anton Wilhelm Amo in Halle (Saale)

Exkurs: Aufklärung in Preußen

Wir müssen uns Preußen im „Jahrhundert *Friedrichs*" als ein im Vergleich mit vielen anderen Staaten aufgeklärtes Gemeinwesen vorstellen. Besonders die Universitäten, die das Zensurrecht ausüben, genießen relativ große Freiheiten. 1694 wird die Friedrichs-Universität in Halle als erste Aufklärungsuniversität in Deutschland gegründet. Der aus Ghana stammende Anton Wilhelm Amo (1703-1759) hält als erster farbiger Philosoph in Halle und Wittenberg Vorlesungen. 1740 promoviert Dorothea Christiane Erxleben als erste Frau im Fach Medizin. Protestantische Theologen interpretieren Jesus Christus als den neuen Sokrates. In Nietleben bei Halle betreibt Carl Friedrich Bahrdt (1741-1792), der in der Pressefreiheit ein Menschenrecht sieht, auf seinem Weinberg eine Gastwirtschaft und hält Vorlesungen an der Universität. Später gibt es Ärger: Seine Satire über das Religionsedikt von 1788 bringt ihn ins Gefängnis.

Alle meine Erkenntnis beruht auf dem Glauben, dass wirkliche Dinge außer mir existieren. Er beruht auf Empfindungen, nicht auf der Vernunft.

Sich im Denken orientieren

Können uns Glaube, Gefühl und Offenbarung „im Denken orientieren"? Kant definiert den Ausdruck „sich orientieren" in einem Aufsatz aus dem Jahre 1786 wie folgt: „... aus einer gegebenen Weltgegend (in deren vier wir den Horizont einteilen) die übrigen, namentlich den *Ausgang* zu finden. Sehe ich nun die Sonne am Himmel und weiß, daß es nun die Mittagszeit ist, so weiß ich Süden, Westen, Norden und Osten zu finden." Die Orientierung setzt voraus, dass wir einen Unterschied zwischen unserer rechten und linken Hand fühlen. Kants Interesse gilt jedoch nicht dem geographischen und auch nicht dem mathematischen Verfahren der Orientierung im Raum. Er möchte verstehen, wie wir uns in einem Denken orientieren können, das durch Raum und Zeit nicht begrenzt

Der Schriftsteller, Philosoph und Kaufmann Friedrich Heinrich Jakobi gehört zu den ersten Kritikern des Transzendentalen Idealismus.

wird. Das Recht, „sich im Denken, im unermesslichen und für uns mit dichter Nacht erfüllten Raume des Übersinnlichen" zu orientieren, beruht auf einem Bedürfnis unserer Vernunft. Wird dieses Bedürfnis praktisch, begründet es unseren Glauben an die Existenz Gottes und die Unsterblichkeit der Seele. „Ein reiner Vernunftglaube ist also der Wegweiser oder Kompass, wodurch der spekulative Denker sich auf seinen Vernunftstreitereien im Felde übersinnlicher Gegenstände orientieren ... kann; und dieser Vernunftglaube ist es auch, der jedem anderen Glauben, ja jeder Offenbarung zum Grunde gelegt werden muß." Wer wie Mendelssohn und Friedrich Heinrich Jakobi (1743-1819) die Grenzen unserer Erkenntnis nicht beachtet, öffnet „aller Schwärmerei, Aberglauben, ja selbst der Atheisterei eine weite Pforte."

Die Freiheit zu denken

Die gefühlsseligen Angriffe auf die Vernunft untergraben die Bedingungen, unter denen diese Angriffe geführt werden können. Wer die Vernunft angreift, untergräbt die „Freiheit im Denken" und *„zu denken"*. Geben wir das Recht auf, anderen unsere Gedanken öffentlich mitzuteilen, können wir auch nicht denken. Werden wir zu einem religiösen Glauben gezwungen, werfen sich einige Bürger über andere „zu Vormündern" auf. Wird nach der „Maxime eines *gesetzlosen Gebrauchs* der Vernunft" geurteilt, muss sich die Vernunft einem Gesetz unterwerfen, das sie sich nicht selbst gibt. Die Folge ist, „daß Freiheit zu denken zuletzt dadurch eingebüßt und, weil nicht etwa Unglück, sondern wahrer Übermut daran schuld ist, im eigentlichen Sinne des Wortes *verscherzt* wird." – Bürger! Vernehmt das Kriegsgeschrei der Schwärmer.

Das radikale Böse

Radikal Böse? Das klingt nach Adolf Hitler, Idi Amin und Pol Pot, nach Holocaust, Genozid und Willkürherrschaft. Doch so radikal ist das radikale Böse bei Kant gar nicht gemeint. Kant interessiert sich in seiner Religionsschrift für den Gebrauch, den der Mensch als Individuum und als Gattungswesen von seiner Freiheit macht. Dieser Gebrauch setzt in der menschlichen Natur Anlagen zum Guten und einen Hang zum Bösen voraus. Die Anlagen zum Guten umfassen seine „bloß *mechanische* Selbstliebe" (Selbsterhaltung, Fortpflanzung, Gemeinschaft mit anderen), seine *„vergleichende* Selbstliebe" (die zur Kultur motiviert) und seine *„Persönlichkeit* als eines vernünftigen und zugleich der *Zurechnung fähigen* Wesens." Während die Anlagen zum Guten naturwüchsig sind, hat sich der Mensch den Hang zum Bösen aus einem für uns unerforschlichen Grunde selbst zugezogen. Er ist das Produkt eines Missbrauchs seiner Freiheit. Der Hang des Menschen zum Bösen ist natürlich, weil er alle Menschen betrifft. Er ist ein allgemeines Merkmal der menschlichen Gattung.

Die Stufen des Bösen

Es gibt drei Stufen des Bösen: die *„Gebrechlichkeit* der menschlichen Natur", die unlautere Gesinnung und die „Bösartigkeit" („Verderbtheit"). Auf der ersten Stufe sieht sich der Mensch aus Schwäche nicht in der Lage, seine Neigungen aus Einsicht in seine Pflicht zu überwinden. Auf der zweiten Stufe ist die Vorstellung des moralischen Gesetzes nicht die einzige Triebfeder. Der Mensch handelt pflichtgemäß, aber nicht aus Pflicht. Und auf der dritten Stufe verkehrt der Mensch das Verhältnis von Glückseligkeit und Moralgesetz grundsätzlich: Er zweifelt an der Reinheit und Strenge des moralischen Gesetzes und macht es sich zur Maxime, seine Glückseligkeit der Befolgung des Moralgesetzes prinzipiell vorzuziehen. Kant geht nicht davon aus, dass der Mensch die Existenz des moralischen Gesetzes als solche bezweifelt. Er vermag sich auch keinen Menschen vorzustellen, der bloß deshalb gegen das Moralgesetz verstößt, weil es das Moralgesetz ist. Kein Mensch ist uneigennützig böse. Und eine Moral jenseits von Gut und Böse, wie sie uns Friedrich Nietzsche (1844-1900, siehe Seite 72) in Aussicht stellt, hätte Kant als einen rechten Unfug angesehen. Jenseits von Gut und Böse liegt das Land der Unfreiheit. Jenseits von Gut und Böse weht uns der kalte Wind der Barbarei und der Willkür um die Ohren.

Revolution der Denkungsart!

Die reine Vernunft fordert uns auf, die ursprüngliche Ordnung von Sittengesetz und Neigungen durch eine „Revolution für die Denkungsart" sofort, hier und jetzt, wiederherzustellen. Die Bosheit des menschlichen Herzens muss überwunden werden. Zwar kann die reine Vernunft uns nur zu Handlungen verpflichten, die wir auch vollziehen können. Doch der einzelne Mensch erweist sich als zu schwach, das einmal in die Welt gesetzte Böse zu überwinden. Auf der sozialen Ebene wirkt das Böse weiter. Was ist zu tun? Kant greift auf das Vokabular seiner Rechtsphilosophie zurück: Der durch das radikale Böse begründete ethische Naturstand muss durch den Eintritt des menschlichen Geschlechts in den ethischen bürgerlichen Zustand überwunden werden. Diesen Zustand nennt Kant die Tugendgemeinschaft unter der Herrschaft Gottes. Einerseits müssen wir uns den „Heiligen des Evangeliums" als ein moralisches Ideal denken, dem wir nacheifern müssen. Andererseits stellt Gott selbst das Oberhaupt in diesem unsichtbaren bürgerlichen Zustand, genannt Kirche, dar. Unter seiner Herrschaft müssen wir uns unser ethisches Streben als ein erfolgreich zu vollendendes Projekt denken.

Man vergebe mir die Entdeckung, dass alle Moralphilosophie bisher langweilig war und zu den Schlafmitteln gehörte – und dass „die Tugend" durch nichts mehr in meinen Augen beeinträchtigt worden ist, als durch diese Langweiligkeit ihrer Fürsprecher.

CHR ... SCHNARCH ... CHR ....

Die Religion

Kant verwendet den Terminus „Religion" im Singular. So wie es nur eine Vernunft und einen kategorischen Imperativ gibt, kann es auch nur eine Religion geben. Kant orientiert sich nicht nur am Christentum, er scheint auch davon überzeugt zu sein, dass der Geist des (vernünftig interpretierten) Protestantismus der Religion am nächsten kommt. Es ist nicht von der Hand zu weisen, dass Kant keine freundlichen Worte über das Judentum und den „Mohammedanism" verliert. Bei Lichte betrachtet kann seine Schrift aber auch nicht einfach als Apologie des Christentums verstanden werden. Die Vernunft wird nicht aus der Perspektive des kirchlichen Glaubens, sondern das christliche Bekenntnis wird aus der Perspektive der Vernunft beurteilt. Kants Religion ist die Religion der reinen praktischen Vernunft. In ihrem Zentrum steht das Moralgesetz, nicht die 10 Gebote und schon gar nicht die Idee eines Menschen, der wahrhaftig von den Toten auferstanden ist. Kants Gott ist nicht gnädig, sein Geist weht nicht, wo er will. In seinem Reich gibt es keine Auserwählten und keine auf immer Verdammten. Er ist kein Gott der Rache, aber er vergibt auch nicht. Er ist einfach nur vernünftig.

Das Recht ist mit der Befugnis zu zwingen verbunden

Viele Jahrzehnte hat die 1797 als erster Teil der *Metaphysik der Sitten* erschienene *Rechtslehre* ein Schattendasein geführt. Zahlreiche Leser zeigten sich verwundert: Ein System von Zwangsgesetzen soll die Bedingung für meine Willkürfreiheit sein? Wo, bitte schön, bleibt hier der Standpunkt der Kritik? Doch Kants Lehre vom Recht ist sehr wohl kritisch. Sie gibt über die Bedingungen Auskunft, unter denen ein öffentlicher Rechtszustand gestiftet werden kann, in dem jede Person das Ihrige unter einem allgemeinen Gesetz erwerben und erhalten kann. Ähnlich wie die reine Vernunft im Bereich des guten Willens die Überwindung der eigenen Neigungen fordert, rechtfertigt sie den äußeren Zwang, wenn er ein Mittel zur Überwindung eines Hindernisses unserer äußeren Freiheit darstellt. „... wenn ein gewisser Gebrauch der Freiheit selbst ein Hindernis der Freiheit nach allgemeinen Gesetzen (d. i. unrecht) ist, so ist der Zwang, der beiden entgegengesetzt wird, als *Verhinderung* eines *Hindernisses der Freiheit* mit der Freiheit nach allgemeinen Gesetzen zusammen stimmend, d.i. recht: mithin ist mit dem Rechte zugleich eine Befugnis, den, der ihm Abbruch tut, zu zwingen, nach dem Satze des Widerspruchs verknüpft."

Niemand hat die Freiheit, dem staatlichen Schwert Widerstand zu leisten, um einen anderen Menschen, ob unschuldig oder nicht, zu verteidigen, denn diese Freiheit beraubt den Souverän der Mittel zu unserem Schutz und zerstört deshalb das eigentliche Wesen der Regierung. Selbstverständlich hat aber jeder das Recht, seinen eigenen Körper zu verteidigen.

Exkurs: Thomas Hobbes (1588-1679) und die Freiheit der Feder

Das moderne Verständnis von Recht und Politik wird maßgeblich durch den englischen Philosophen Thomas Hobbes (siehe oben) geprägt. Seinem Hauptwerk, dem *Leviathan*, kommt eine ähnlich wegweisende Bedeutung wie Descartes' *Meditationen über die Erste Philosophie* zu. In seinem Hauptwerk, dem *Leviathan* (1651), vertritt Hobbes auf der Grundlage einer materialistischen Anthropologie die Auffassung, dass die Vernunft dem Menschen gebietet, sein ursprüngliches Recht auf alles und jeden auf einen Souverän (den allmächtigen Leviathan) zu übertragen. Dieser habe die Aufgabe, das Recht der Bürger zu sichern. Kant folgt zwar Hobbes' Absage an ein Recht auf Widerstand. Doch in kritischer Abgrenzung zu ihm betont der Königsberger Philosoph das Recht der Bürger, öffentlich auf erlittenes Unrecht hinzuweisen. Dieses Recht darf der Leviathan den Menschen nicht nehmen: Die Freiheit der Feder ist „das einzige Palladium [Heiligtum] der Volksrechte". Gewährt der Herrscher dieses Recht, dann klärt sich das Publikum von selbst auf und drängt auf Reformen im Geiste der republikanischen Regierungsart.

Kanonade von Valmy, 1792, und der Dichter Johann Wolfgang von Goethe (1749-1832).

Von hier und heute geht eine neue Epoche der Weltgeschichte aus, und ihr könnt sagen, ihr seid dabei gewesen.

Freiheit und Recht

Sprache kann verwirrend sein. Ein Recht bezeichnet einerseits den subjektiven Anspruch eines Menschen, seine Freiheit in bestimmter Weise gebrauchen zu können. Das Recht bezeichnet aber auch die Bedingungen, unter denen „die Willkür des einen mit der Willkür des andern nach einem allgemeinen Gesetze der Freiheit zusammen vereinigt werden kann." Diese Bedingungen können nach Kant vollumfänglich nur im *öffentlichen* Recht (lat. status civilis) erfüllt werden. „Der Inbegriff der Gesetze, die einer allgemeinen Bekanntmachung bedürfen, um einen rechtlichen Zustand hervorzubringen, ist das öffentliche Recht." Es umfasst das Staatsrecht, das Völkerrecht und das Weltbürgerrecht. Das Staatsrecht bezeichnet die Rechtverhältnisse zwischen den Bürgern, das Völkerrecht zwischen den Staaten und das Weltbürgerrecht zwischen jedem einzelnen Menschen und jedem beliebigen Staat. Freiheit und Gesetz sind auf ihre Sicherung durch die Gewalt des Staates angewiesen. Mit dem von ihm in die Diskussion eingeführten Weltbürgerrecht möchte Kant sicherstellen, dass alle Menschen (gleich welcher Hautfarbe, Geschlecht, Herkunft und Religion) Rechtsträger sind. Besondere Bedeutung misst er dem Staatsrecht zu. Im Unterschied zu den beiden anderen Rechtsbereichen ist in ihm das Gesetz zwangsbewährt. Zudem kommt die gesetzgebende Gewalt (Legislative) „nur dem vereinigten Willen des Volkes" zu. Weil von dieser Gewalt „alles Recht ausgehen soll, so muß sie durch ihr Gesetz schlechterdings niemand unrecht tun *können*."

Friede durch Recht

Im Jahre 1795 schließt Preußen in Basel mit Frankreich einen Separatfrieden. Kant sieht die Zeit gekommen, seine Vorschläge für eine Weltfriedensordnung vorzulegen. Er entwickelt sie in seiner Schrift *Zum ewigen Frieden*. Seine Grundidee ist ziemlich griffig: Friede durch Recht. Die Staaten müssen sich erstens innerlich nach republikanischen Prinzipien organisieren, d.h. nach solchen, in denen nur diejenigen Gesetze gelten, die das Volk über sich selbst beschließen könnte. Sie müssen zweitens einen Bund freier Staaten (einen Völkerbund) schließen. Und drittens haben alle Menschen das Recht, sich beliebigen Staaten zur Gesellschaft anzubieten. Menschen in Not dürfen nicht an den Grenzen abgewiesen werden, wenn dies ihren Tod bedeutete. Das oberste Ziel des politischen Handelns ist der Friede. Warum der Friede? Weil der Krieg die Menschen zu einer Sache macht, sie erniedrigt und vernichtet.

Das angeborene Recht der Freiheit

Im Staat bezeichnet ein subjektives Recht eine Freiheit, viele Rechte viele Freiheiten. Aber es kann nur eine ursprüngliche Freiheit geben, die zugleich ein Recht ist. Weil dieses Recht weder erworben noch (durch den Staat oder Gott) verliehen wird, nennt es Kant das *„angeborne Recht."* Es ist das Menschenrecht schlechthin. *„Freiheit* (Unabhängigkeit von eines Anderen nötigender Willkür), sofern sie mit jedes Anderen Freiheit nach einem allgemeinen Gesetz zusammen bestehen kann, ist dieses einzige, ursprüngliche, jedem Menschen kraft seiner Menschheit zustehende Recht." Dieses Recht enthält die *„angeborne Gleichheit"* des Menschen in sich. So kann ich rechtlich von einem anderen Menschen nur zu Handlungen verpflichtet werden, zu denen ich ihn auch verpflichten kann. Ich bin ursprünglich mein *„eigener Herr"* und ein *„unbescholtener Mensch".* Kein Mensch wird als Verbrecher geboren, keiner hat von Geburt an Vorrechte vor anderen Menschen. – Der Adel muss bei der Kant-Lektüre ziemlich tapfer sein.

> Es tut mir leid, sie haben einen kleinen Verbrecher bekommen.

> Also wirklich Frau Doktor, ...

> ... lesen sie Kant: Die Gleichheit aller Menschen ist angeboren.

Modern – vormodern – postmodern

Das angeborene Freiheitsrecht hat im System der Rechte eine besondere Funktion. Es legt fest, wer wem gegenüber die Beweisführung erbringen muss. Entsteht ein Streit darüber, ob ich eine Tat begangen oder das (erworbene) Recht einer anderen Person verletzt habe, kann ich mich auf mein „angeborenes Recht der Freiheit" berufen. Dies bedeutet, dass der Andere (der Kläger) nachweisen muss, dass ich sein Recht verletzt habe. Ich bin nur für diejenigen Handlungen verantwortlich, die ich auch begangen habe. Ich kann auch nur für Rechtsverstöße bestraft werden, die ich habe erkennen können. Wird das Gesetz im Verborgenen erlassen, ist es nicht bindend. Recht und Moral kreisen bei Kant um den Begriff einer Person (eines Individuums), die Einsicht in die sie betreffenden Dinge verlangt. Jahrzehnte später wird Hegel vom „Prinzip der modernen Welt" sprechen: Was „jeder anerkennen soll", muss „sich ihm als ein Berechtigtes" zeigen. Auch wenn Kant vom Zeitalter der Kritik und der Aufklärung und nicht von der Moderne spricht, können wir sein Prinzip der wechselseitigen Rechtfertigung das Prinzip der Moderne nennen. Vormoderne Prinzipien sind parteiisch, sie bevorzugen einige vor anderen. Postmoderne Prinzipien dagegen wollen nicht normativ sein. Sie entmachten das rationale Subjekt, an dessen Stelle die Narrative wechselnder Perspektiven treten.

Der bürgerliche Zustand als Gebot instrumenteller Vernunft

Kant entwickelt seine Rechtsphilosophie unabhängig von seinen Überlegungen zur Ethikotheologie. Ihr Thema ist der äußere Gebrauch, den der Mensch von seiner freien Willkür macht und machen soll. In der Rechtsphilosophie geht es um Menschen aus Fleisch und Blut. Sie treffen Verabredungen miteinander, erwerben Eigentum, schließen Verträge, konkurrieren um knappe Güter, buhlen um Anerkennung und wollen Macht über andere ausüben. Weil die Erde eine kugelförmige Gestalt hat, können sie sich nicht aus dem Weg gehen. Die Gesellschaft mit anderen ist unvermeidlich. Es ist daher notwendig, die äußere Freiheit gesetzlich zu bestimmen. Weil wir unser Glück auf Erden suchen, müssen wir alle dafür notwendigen Mittel ergreifen. Das ist ein hypothetischer Imperativ, der für alle Menschen gültig ist, die über (wie wir heute sagen würden) instrumentelle Vernunft verfügen. Es ist ein Gebot der Klugheit. Selbst ein „Volk von Teufeln" würde, wie Kant in einem Gedankenexperiment bemerkt, den Naturzustand (lat. status naturalis) verlassen und in den bürgerlichen Zustand (lat. status civilis) treten. Deren Gesetze sind zwangsbewährt, ihre Befolgung kann erzwungen, ihre Nichtbefolgung sanktioniert werden. Ohne Gesetz und Gewalt gibt es nach Kant keine äußere Handlungsfreiheit. Freiheit ohne Gesetz und Gewalt ist Anarchie, ein Zustand, in dem zu leben kein vernünftiges Wesen interessiert sein kann.

Der bürgerliche Zustand als Gebot reiner praktischer Vernunft

Es ist ein Gebot der Klugheit, den Naturzustand zu verlassen. Aber es ist auch ein Gebot unserer reinen praktischen Vernunft. So wie uns der kategorische Imperativ gebietet, nur nach solchen Maximen zu handeln, die sich zu einer allgemeinen Gesetzgebung qualifizieren, fordert uns die reine Vernunft auf, uns „in einen rechtlichen Zustand" zu begeben, den Kant auch den Zustand einer „austeilenden Gerechtigkeit" nennt. Im Naturzustand gibt es keine Gerechtigkeit. In ihm ist keiner verpflichtet, „sich des Eingriffs in den Besitz des Anderen zu enthalten". „Niemand ist verbunden, sich des Eingriffs in den Besitz des Anderen zu enthalten, wenn dieser ihm nicht gleichmäßig auch Sicherheit gibt, er werde eben dieselbe Enthaltsamkeit gegen ihn beobachten." Ohne Rechtssicherheit gibt es keine Gerechtigkeit.

Ich nehme das Buch von Kropotkin.

So Leute, jetzt verteilen wir die Beute entsprechend unseren Regeln.

Das Eherecht

Die Ehe ist „die Verbindung zweier Personen verschiedenen Geschlechts zum lebenswierigen wechselseitigen Besitz ihrer Geschlechtseigenschaften." Wollen Mann und Frau ihre Geschlechtseigenschaften wechselseitig genießen, „so *müssen* sie sich notwendig verehelichen, und dieses ist nach Rechtsgesetzen der reinen Vernunft notwendig." Warum gebietet die reine Vernunft die Ehe? Weil der „natürliche Gebrauch, den ein Geschlecht von dem Geschlechtsorgan des anderen macht", ein Genuss ist, „zu dem sich ein Teil dem anderen hingibt. In diesem Akt macht sich der Mensch selbst zur Sache, welches dem Rechte der Menschheit an seiner eigenen Person widerstreitet." Verbietet die reine Vernunft den Genuss der Geschlechtseigenschaften einer anderen Person? Mitnichten. Er ist allerdings nur „unter der einzigen Bedingung ... möglich, daß, indem die eine Person von der anderen *gleich als Sache* erworben wird, diese gegenseitig wiederum jene erwerbe; denn so gewinnt sie wiederum sich selbst und stellt ihre Persönlichkeit wieder her." Diese Bedingung wird im Ehevertrag öffentlich-rechtlich sanktioniert. Es ist ein Vertrag, der auf der „Gleichheit des Besitzes" jeglicher Art beruht. Der Mann hat keinerlei Vorrechte. Die im Adel praktizierte Ehe linker Hand (auch morganatische Ehe genannt), nach der die aus einer nicht standesgemäßen Ehe stammenden Kinder in der Regel nicht erbberechtigt sind, ist „keine wahre Ehe". Dem preußischen König Friedrich Wilhelm II. (1744-1797), seit 1769 mit Friederike Luise von Hessen-Darmstadt (1751-1805) verheiratet, wird es nicht gefallen haben. Mit dem Einverständnis seiner Frau lässt er sich 1787 mit Julie von Voß (1766-1789) und 1790 mit Gräfin Sophie von Dönhoff (1769-1834) „zur linken Hand" trauen.

> Beim Sex macht man sich gegenseitig zum Objekt? Das ist unmoralisch? Nein, es ist möglich: In der Ehe. Ihr meint, Kant biegt sich da was zurecht?! Wurscht.

Die eheliche Gemeinschaft

Durch den Ehevertrag wird aus der natürlichen eine gesetzliche Geschlechtsgemeinschaft. Sie wird zwischen Freien und Gleichen geschlossen. Die Natur hat zwar dem Menschen die Neigung zum anderen Geschlecht eingepflanzt, damit er Kinder erzeugt und erzieht. Doch ihre Rechtmäßigkeit setzt die Verfolgung dieses Zwecks nicht voraus. Sie darf geschlossen werden, obwohl nicht die Absicht besteht, Kinder zu zeugen. Eine Begründung für die lebenslange Dauer der Ehe und die Ablehnung der gleichgeschlechtlichen Ehe bleibt uns Kant letztlich schuldig. Warum darf der Vertrag nicht auf Zeit geschlossen werden? Vielleicht nur für zwei oder drei Stunden?

77

Vive la révolution!

Es gibt kein Recht auf Widerstand

In der Vereinigung der drei Gewalten (Legislative, Exekutive und Judikative) erhält der „Staat (civitas) seine Autonomie", in ihrer Vereinigung besteht das *„Heil des Staats".* Kant ist kein Anhänger der direkten Demokratie, so wie Rousseau einer war. (Monarchie, Aristokratie und Demokratie sind die drei möglichen Staatsformen.) Kants Ansicht nach muss der Gemeinwille am besten durch eine einzige Person, den Monarchen, repräsentiert werden. Dieser soll im Sinne des Vernunftrechts Reformen „von oben" durchführen. Ein förmliches *Recht* auf Widerstand gibt es bei Kant, der hierin im Wesentlichen Thomas Hobbes folgt, nicht. „Der Grund der Pflicht des Volks einen, selbst den für unerträglich ausgegebenen Mißbrauch der obersten Gewalt dennoch zu ertragen liegt darin: daß ein Widerstand gegen die höchste Gesetzgebung selbst niemals anders als gesetzwidrig, ja als die ganze gesetzliche Verfassung zernichtend gedacht werden muß." Enthielte eine Verfassung das Recht des Volkes zum Widerstand in sich, würde die oberste Gesetzgebung nicht die oberste sein. Es wäre völlig unbestimmt, wer in einem „Streit zwischen Volk und Souverän Richter sein sollte". Die Folge: Bürgerkrieg.

Dennoch ist nicht alles erlaubt

Der Gebrauch der Regierungsgewalt im Staat ist entweder republikanisch oder despotisch. Er soll republikanisch sein, aber oft genug betrachtet der Regent den „öffentlichen Willen" als seinen „Privatwillen". Dann ist er ein Despot. Sein Wille repräsentiert nicht den Gemeinwillen. Wenigstens dem eigenen Anspruch nach wollte, so Kant, König Friedrich II. eine „dem Geiste eines repräsentativen Systems gemäße Regierungsart annehmen". Kants Hoffnung auf Reformen und seine Absage an Revolutionen ist allerdings nicht als Freibrief für Despoten zu verstehen. Erstens können sie ihre rechtliche Autorität verwirken, wenn sie einen Zustand bewirken, in dem „Gewalt ohne Freiheit und Gesetz" herrschen. Die Gewaltherrschaft ist ein Zustand, in dem der Bürger dem Herrscher schon deshalb nicht mehr gehorchen muss, weil es ein Zustand der allgemeinen Gesetzlosigkeit (der Anarchie) ist. Zweitens dürfen Befehle, die direkt dem Sittengesetz widersprechen (z.B. Meuchelmord), nicht befolgt werden.

Revolution!

Verwehrt ein Herrscher seinen Untertanen das Menschenrecht, führt er ein grausames Regiment und blutige Kriege, bricht die Natur sich ihre Bahn. Die Menschen werden unzufrieden, widerspenstig, sie leisten Widerstand. Revolution! Kants Stellung zum Phänomen politischer Revolutionen ist mehrdimensional. Einerseits stellen sie Naturphänomene dar, wie der Ausbruch eines Vulkans oder der Bruch eines Deiches bei Hochwasser. Andererseits haben sie einen moralischen Aspekt. Revolutionen werden von Menschen gemacht, die über Einsicht in ihre moralisch-rechtlichen Verbindlichkeiten verfügen. An und für sich betrachtet sind sie verdammenswert. Sie untergraben die Herrschaft des Rechts. Sie bewirken den Rückfall in den Naturzustand, den zu verlassen uns die reine Vernunft gebietet. Ist eine Revolution aber erst einmal vollzogen worden, ist es den Menschen gelungen, eine neue Herrschaft zu begründen, dann ist diese auch legitim. Konterrevolutionen sind rechtlich verboten. Die Versuche der Koalitionsmächte, die Herrschaft Ludwigs XVI. in Frankreich wiederherzustellen, ist nach Kant Unrecht.

Köpft ihn!

Besonders empört hat Kant die am 21. Januar 1793 erfolgte „formale *Hinrichtung*" des Königs. Kein Mensch kann dafür bestraft werden, einst das Staatsoberhaupt gewesen zu sein. „Unter allen Gräueln einer Staatsumwälzung durch Aufruhr ist selbst die *Ermordung* des Monarchen noch nicht das ärgste; denn noch kann man sich vorstellen, sie geschehe vom Volk aus Furcht, er könne, wenn er am Leben bleibt, sich wieder ermannen und jenes die verdiente Strafe fühlen lassen, und sollte also nicht eine Verfügung der Strafgerechtigkeit, sondern bloß der Selbsterhaltung sein. Die formale *Hinrichtung* ist es, was die mit Ideen des Menschenrechts erfüllte Seele mit einem Schaudern ergreift, das man wiederholentlich fühlt, so bald und so oft man sich diesen Auftritt denkt, wie das Schicksal Karls I. oder Ludwigs XVI." Die blutigen Ereignisse in Frankreich können als solche den moralisch-rechtlichen Fortschritt der menschlichen Gattung nicht beweisen. Dieser Beweis muss aus der Perspektive des unparteiischen Interesses unserer Vernunft erfolgen, welches nur die Zuschauer nehmen können (und sollen). Sie haben einen unverstellten Blick auf das, worauf es letztlich ankommt: Die Idee der Selbstgesetzgebung.

Ein Hoch auf die Philosophie!

In seinem Friedensentwurf von 1795 vergisst Kant auch die Philosophen nicht. Der Staat muss ein Interesse daran haben, das durch keine politischen Machtbefugnisse korrumpierte Urteil der Philosophen zu hören. Weil der Staat dies nicht öffentlich eingestehen mag, schlägt der Ironiker Kant einen „Geheimartikel" vor: *„Die Maximen der Philosophen über die Bedingungen der Möglichkeit des öffentlichen Friedens sollen von den zum Kriege gerüsteten Staaten zu Rate gezogen werden."* Der Philosoph ist für Kant der natürliche Anwalt des Vernunftrechts und damit des Rechtsfortschritts, weil er im Unterschied zum Juristen, dem nur die Anwendung der Gesetze vor Augen steht, die Verbesserung der Rechtsverhältnisse im Sinne des kosmopolitischen Vernunftrechts anmahnt. Das Königsamt sollten sie aber, wie Kant kritisch gegenüber Platon (428/427-348/347 v. Chr.) bemerkt, nicht anstreben: Macht korrumpiert das freie Urteil.

Habe nun, ach! Philosophie, Juristerei und Medizin, Und leider auch Theologie! Durchaus studiert, mit heißem Bemühn. Da steh ich nun, ich armer Tor! Und bin so klug als wie zuvor.

Goethe

Der Streit der Fakultäten

Es war einmal eine Zeit, zu der hatte eine große Universität tausend und wenn es hoch kam zweitausend Studenten. Sie gliederte sich in vier Fakultäten. Die untere Fakultät trug den Namen der Philosophie. Sie mussten alle Studenten durchlaufen, bevor sie eine der drei oberen Fakultäten, die Theologische, die Juristische und die Medizinische Fakultät, besuchen durften. Zu dieser Zeit setzt sich Kant mit der Frage auseinander, in welchem Verhältnis die untere zu den oberen Fakultäten steht. Ist sie, wie es die berühmte Metapher will, die Magd der Theologie, die dieser „die Schleppe *nachträgt*"? Oder darf sie ihr die *„Fackel"* der Vernunft vorantragen? Wir ahnen es: Kant votiert für die zweite Alternative. Gegenüber der Regierung fordert er für die Philosophie das Recht ein, alle Meinungen im Lichte der einzigen Gesetzgebung frei überprüfen zu dürfen, der die Philosophie unterworfen ist: die der Vernunft. Die Vernunft ist das „Vermögen, nach der Autonomie, d.i. frei (Prinzipien des Denkens überhaupt gemäß) zu urteilen". Und gegenüber den oberen Fakultäten betont Kant den Nutzen der Philosophie für deren eigene Wahrheitssuche. Verwehrt die Regierung den Philosophen das freie Urteil der Kritik, handelt sie unklug. Sie muss ein Interesse daran haben, dass ihre Beamten keine unsinnigen und wahrheitswidrigen Lehren verbreiten.

Die Lüge im moralischen Sinne

Als zweiten Teil der *Metaphysik der Sitten* publiziert Kant 1797 die *Tugendlehre*. In ihr möchte er den Nachweis führen, dass die reine Vernunft selbst uns zwei oberste Zwecke zu verfolgen verpflichtet: die eigene Vollkommenheit und die fremde Glückseligkeit. Zugleich präzisiert Kant zahlreiche Aspekte seiner in früheren Schriften entwickelten Moralphilosophie. So unterscheidet er zwischen der ethischen und rechtlichen Dimension der Lüge. In ethischer Hinsicht stellt die Lüge die „größte Verletzung der Pflicht des Menschen gegen sich selbst" dar. „Daß eine jede vorsätzliche Unwahrheit in Äußerung seiner Gedanken diesen harten Namen (den sie in der Rechtslehre nur dann führt, wenn sie anderer Recht verletzt) in der Ethik, die aus der Unschädlichkeit kein Befugnis hernimmt, nicht ablehnen könne, ist für sich selbst klar. Denn Ehrlosigkeit (ein Gegenstand der moralischen Verachtung zu sein), welche sie begleitet, die begleitet auch den Lügner wie sein Schatten." Verstoßen wir gegen unsere Pflicht der Aufrichtigkeit, machen wir uns in unseren eigenen Augen nichtswürdig. Aber nicht jeder Fall von Nichtswürdigkeit wird staatlicherseits mit einer Sanktion belegt.

Gibt es ein Recht, aus Menschenliebe zu lügen?

In einem ebenso berühmten wie berüchtigten Aufsatz von 1797 negiert Kant diese Frage. Es kann kein Recht geben, anderen Menschen die Unwahrheit zu sagen, weil durch diesen Akt alle Gerechtigkeit aufgehoben werden würde. Die Lüge steht im Gegensatz zu der Fähigkeit des Menschen, seine Freiheit durch eine allgemeine Gesetzgebung zu bestimmen. Sie widerspricht dem angeborenen Freiheitsrecht eines jeden Menschen. Dies bedeutet allerdings nicht, dass ich dem potentiellen Mörder meines Freundes wahrheitsgemäß Auskunft über dessen Aufenthaltsort geben muss. Ich kann auch schweigen. Lüge ich und der Verbrecher kann seine abscheuliche Tat nur aufgrund meiner Lüge vollziehen, mache ich mich im doppelten Sinne des Wortes schuldig. So abwegig Kants provokante These zunächst auch lauten mag, legt sie doch die Finger in die offenen Wunden von Ethik und Recht: Zu welchen Handlungen bin ich in moralischen Extremsituationen berechtigt? Rechtfertigt der gute Zweck jedes Mittel? Welche Verbindlichkeiten bestehen gegenüber einer äußerst gewaltbereiten Person? Bin ich für das Unrecht der Anderen verantwortlich?

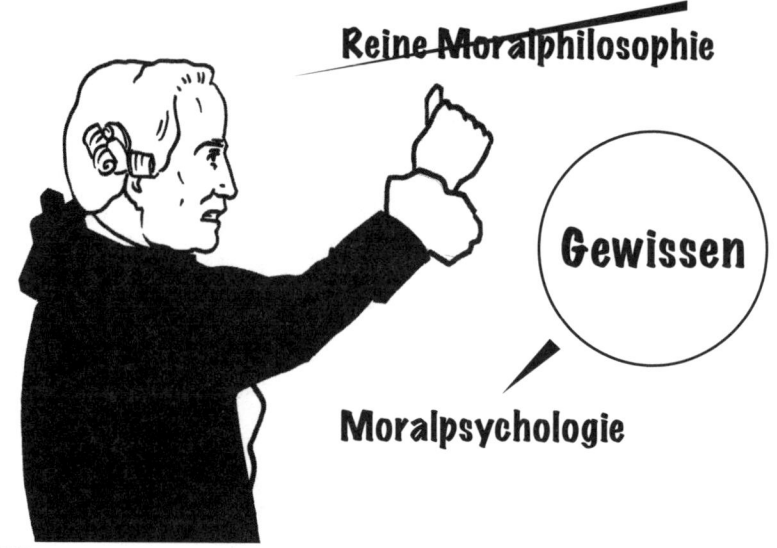

Reine ~~Moralphilosophie~~

Gewissen

Moralpsychologie

Gewissen

Die Bedeutung des Gewissens für die Moral wird im 18. Jahrhundert kontrovers diskutiert. Nach Christian August Crusius stellt das Gewissen ein Gefühl des moralisch Guten und Schlechten dar. Vermittelst dieses Gefühls erkennen wir nicht nur *„das Gesetz Gottes und die Tugend"*. Weil aus ihm „eine natürliche Empfindung des Gerechten und Ungerechten" entsteht, befördert es auch unsere Ausübung des Guten. Für Christian Wolff ist das Gewissen dagegen identisch mit unserem (auf Prinzipien der Wahrscheinlichkeit beruhenden) Urteil darüber, ob unsere Handlungen gut oder böse sind. Und Kant? Kant streicht den Begriff des Gewissens aus dem Bereich der reinen Moralphilosophie und ordnet ihn der Moralpsychologie zu. Das Gewissen ist ein „moralischer Gerichtshof" bzw. das „Bewusstsein eines *inneren Gerichtshofes* im Menschen". Weil der objektive Zweck des Gerichts die Feststellung individueller Schuld und Unschuld durch den Richter ist, identifiziert Kant den Gerichtshof auch mit der Person des Richters. Der Richter, das ist unsere reine Vernunft. Wir sitzen über uns selbst Gericht. Kant spricht auch von der *„sich selbst richtenden moralischen Urteilskraft"*.

Der innere Gerichtshof tagt

Tagt der innere Gerichtshof, dann urteilt der Mensch über sich selbst. Die Vernunft selbst nötigt ihn, dieses „Geschäft des Menschen mit sich selbst" durchzuführen. In seiner Rolle als Verteidiger versucht der Mensch seine Tat mit Verweis auf Notwendigkeiten zu entschuldigen, die in seiner sinnlichen Natur liegen. Doch diese Strategie misslingt. Meldet sich das Gewissen zu Wort, ist dies ein unfehlbarer Beleg dafür, dass sich der Mensch die Tat selbst zurechnet. „Ob eine Handlung überhaupt recht oder unrecht sei, darüber urteilt der Verstand, nicht das Gewissen. Es ist auch nicht schlechthin notwendig, von allen möglichen Handlungen zu wissen, ob sie recht oder unrecht sind. Aber von der, die ich unternehmen will, muß ich nicht allein urteilen und meinen, sondern auch *gewiß* sein, daß sie nicht unrecht sei, und diese Forderung ist ein Postulat des Gewissens, welchem der *Probabilismus*, d.i. der Grundsatz entgegengesetzt ist: daß die bloße Meinung, eine Handlung könne wohl recht sein, schon hinreichend sei, sie zu unternehmen." Das Gewissen ist verlässlich, es irrt nicht. Die Gesetzgebung der reinen Vernunft ist eindeutig.

mpfindsam muss der Mensch sein

er Mensch verfügt über Verstand und Vernunft. Er soll nach Begriffen handeln, die ihren Ursprung
 der reinen Vernunft haben. Doch was nützen die Begriffe, wenn sie in der Theorie zwar schön
nd gut, für die Praxis aber untauglich sind? Der Mensch ist auch ein fühlendes Wesen. Und wenn
e Begriffe keinen Bezug auf unsere Gefühle haben, dann entfalten sie keine praktische Wirkung.
Empfindsam muß der Mensch sein", fordert Kant in einer seiner Vorlesungen. Das Empfindsame
t dem Rohen entgegengesetzt. Würde der Mensch nicht empfindsam sein, würde er am Wohl und
ehe der anderen Menschen keinen Anteil nehmen. Ihr Leid wäre ihm gleichgültig. Empfindsam-
eit darf nicht mit Empfindlichkeit verwechselt werden, setzt erstere im Unterschied zur zweiten
och Grundsätze, Reflexion und einen freien Willensentschluss voraus. „Empfindlich ist der, der
ider seinen Willen zu Empfindungen hingerissen wird; empfindsam der, der wohl zu unterschei-
en weiß, was Empfindungen erregt, und der sich ihnen überlassen und sie wieder aufheben kann,
enn er will." Die in den Romanen der Zeit gepflegte „Empfindlichkeit (die man falsch Empfind-
mkeit nennt)", ist Kant ein wahrer Graus. Und das ist auch gut so!

n die Armenhäuser gehen, ein besserer Mensch werden

ir sind zur tätigen Nächstenliebe verpflichtet. Weil die natürlichen Gefühle des Mitleids und
er Mitfreude subjektive Voraussetzungen dafür sind, dass wir unsere Pflicht erfüllen, besteht die
direkte Pflicht, diese Gefühle zu kultivieren. Wie machen wir das? Sicherlich nicht durch das
tudium der griechischen und römischen Klassiker. Wir müssen einen anderen Weg beschreiten:
So ist es Pflicht: nicht die Stellen, wo sich Arme befinden, denen das Notwendigste abgeht, zu
mgehen, sondern sie aufzusuchen, nicht die Krankenstuben oder die Gefängnisse der Schuldner
nd dergl. zu fliehen, um dem schmerzhaften Mitgefühl, dessen man sich nicht erwehren könne,
uszuweichen: weil dieses doch einer der in uns von der Natur gelegten Antriebe ist, dasjenige
u tun, was die Pflichtvorstellung für sich allein nicht ausrichten würde." Hier gilt der Umkehr-
chluss: Halte Dich von allem fern, was Deinen Charakter verroht.

Was das Übel der Armut vergrößert, ist die Geringschätzung, welche auch nicht durch Verdienste gänzlich kann überwogen werden.

Gewöhnliche Tugenden, gemeine Laster und Strafen

Was haben die Philosophen nicht darüber gestritten, ob der Mensch nur eigennützige oder aber auch Handlungen zu vollziehen bereit ist, die ausschließlich dem Wohl des Anderen dienen. Einige muteten dem Menschen auch Handlungen zu, die uneigennützig bösartig sind. In diesem Falle will ein Mensch einem anderen schaden, obwohl es ihm selbst gar nicht nützt. Soweit möchte Kant nicht gehen. Bei aller Schlechtigkeit des Menschen ist er doch nicht von Grund auf verdorben. Jeder Mensch trägt einen Keim der Menschlichkeit in sich. Wäre es nicht so, könnte der Mensch durch eigenes Handeln seine Würde verwirken, würden alle Dämme brechen. Der Verbrecher könnte wie eine Sache behandelt werden. Dass die Höhe der Strafe der Tat entsprechen muss, ist eine Ansicht, durch die sich Kant beispielsweise von Christian Wolff unterscheidet, der die Strafe unter dem Gesichtspunkt des gesellschaftlichen Nutzens betrachtet. Ihre Höhe und die Art ihres Vollzugs soll andere Menschen „von dergleichen Schand- und Übeltaten" abhalten. Der gute Effekt erlaubt auch drastische Strafen. Wer seine Vernunft „bei Seite setzt" ist nach Wolff „nicht anders als einem Viehe und besonders einem rasenden Hunde gleich zu achten, der weiter zu nichts nutzt, als daß man ihn tot schlägt und auf den Schindanger den Raben und andern Raubvögeln zur Speise hinwirft." – Die Frühaufklärung zeigt sich von ihrer dunklen Seite.

Über den Umgang mit lasterhaften Menschen

Der Hass, der Gegenspieler der Liebe, ist wie diese eine Leidenschaft. Der Hass ist Ausdruck eines Widerstreits zwischen unseren Zwecken und tief in der menschlichen Natur verwurzelt. Erleiden wir ein Unrecht, stellt sich „Rachbegierde" ein. Hassen wir einen lasterhaften Menschen, der uns selbst nichts Böses angetan hat, verlieren wir die gute Laune, die ihrerseits Voraussetzung eines moralkonformen Lebens ist. „Lasterhafte Menschen sind freilich ein Gegenstand der Verabscheuung, aber die Verabscheuung kann auf der einen Seite mehr Verachtung als Hass, und auf der andern mehr Hass als Verachtung erregen. Es kann ein Gegenstand des Hasses sein, aber warum sollen wir uns mit Hass gegen Andere erfüllen? Mein Gemüt ist nie in liebenswürdiger Fassung, wenn ich jemanden hassen kann. Wir wollen also das Böse so verabscheuen, daß dieses mehr mit der Verachtung zusammenhängt, und da können wir uns der guten Laune überlassen." Der Hass zwischen den Menschen kann gezähmt werden, wenn wir dies denn wollen. Arbeiten wir daran!

Wohltätig sein, ohne zu erniedrigen

Wir dürfen keinem Menschen gegenüber gleichgültig sein. Es besteht die „Pflicht des wechselseitigen Wohlwollens nach dem Prinzip der Gleichheit". Als ein reines Vernunftwesen kann ich nicht wollen, dass ein Mensch – und sei es die eigene Person – anderen Menschen gegenüber bevorzugt wird. Kant spricht auch von der „Pflicht der freien Achtung gegen andere". Zentral für seinen Gedanken einer allgemeinen Liebespflicht ist, dass der Andere durch unsere Großmütigkeit nicht „erniedrigt" werden darf. Es ist unsere „Pflicht, dem Empfänger durch ein Betragen, welches diese Wohltätigkeit entweder als bloße Schuldigkeit oder geringen Liebesdienst vorstellt, die Demütigung zu ersparen und ihm seine Achtung für sich selbst zu erhalten." Der „Wohltätigkeitsakt" wird am besten „ganz im Verborgenen" ausgeübt. Es handelt sich um eine Tugend, nicht um eine Rechtspflicht. Wir können rechtlich nicht gezwungen werden, wohltätig zu sein. Über den Umfang der öffentlichen Wohlfahrt kann der Staat frei entscheiden. Allerdings spricht Kant in der *Tugendlehre* auch einmal von der „Ungerechtigkeit der Regierung". Die Regierung hat die Wohltätigkeit aufgrund der von ihr eingeführten „Ungleichheit des Wohlstands" notwendig gemacht. „Verdient unter solchen Umständen der Beistand, den der Reiche den Notleidenden erweisen mag, wohl überhaupt den Namen der Wohltätigkeit, mit welcher man sich so gern als Verdienst brüstet?" Wohl kaum, antwortet still der empfindsame Leser.

Sei barmherzig und zeige es

Ist freiwillige Wohltätigkeit nicht zu erwarten, unterstützt Kant auch schon einmal das sanfte Mittel der öffentlichen Beschämung. Unter den Mitgliedern der Albertina soll 1790 eine Sammlung zur Unterstützung bedürftiger Bürger von Königsberg durchgeführt werden. Um den gewünschten Effekt zu erreichen, schlägt Kant vor, keine „verschlossene Büchse" herumzureichen. Vielmehr solle ein Rundschreiben aufgesetzt werden, in dem jeder seinen Namen und die Höhe seiner Gabe einträgt. Dieses Vorgehen hat nach Kant auch den guten Effekt, dass man „mit gutem Gewissen unbekannte Bettler auf den Straßen" und von den Türen der Universität abweisen kann.

Buchstabe oder Geist?

Kaum ein Philosoph hat sich der Sogwirkung der Kantischen Philosophie entziehen können. Und sie wirkt weit über das Fach Philosophie hinaus. Sie prägt bis heute die Debatten, sei es als positives Vorbild, als Ausdruck eines Epochenbruchs oder als abschreckendes Beispiel für ein Denken, das wir wie Pest und Cholera auf Distanz halten sollten. Zwei Beispiele: Während Hegel feststellt, dass Kant die „Momente des Ganzen" zwar angegeben, ihre „absolute Form" und Wahrheit aber nicht erreicht hat, bemängelt Martin Heidegger (1889-1976), dass Kant „einen wesentlicheren Bezirk" des Denkens „nicht betreten konnte, weil ihm die Geschichtlichkeit der Vernunft verborgen bleiben mußte." Gut zu wissen, dass sich Heidegger Zugang verschaffen konnte. Was hat er zu berichten? Unter anderem dies: „Was ist Ver-pflichtung? Waltet nicht über allem Sollen dieser Art noch das stille Ereignen des Ereignisses in die Sage, daß sie ruhe und ruhend ins Ausgehen wachse im Schatzhaus der Sprache? Ist da alles ‚Sollen' nicht nur die des Seyns vergessene Betreibung des geschicklosen Einrichtens von ‚Erziehung' und Mache von ‚Kultur'? Wie sollen wir er-ziehen, ehe wir nicht selbst Gezogene sind im Zuge des Be-zugs, in den das Seyn uns selbst erst an-fängt? Woher nimmt das Erziehen je eine Zugkraft ohne den Zug, die An-ziehung, des Seyns?" Mit Heideggers Vernunftkritik geht seine These von der durch Wissenschaft, Moral und Kultur beförderten „Seinsvergessenheit" der neuzeitlichen Philosophie einher. „Das Philosophieren ist die Faselei des Wissenwollens". Die Suche nach Begründungen verschließt unsere Ohren für die Stimme des „Seyns". Gelassen sollen wir auf die Ankunft des kommenden Gottes warten. – Gibt es einen radikalen Gegenentwurf zu Kant, dann findet er sich bei Heidegger.

> Ich habe beschlossen, mein Leben einer von Kant ganz unabhängigen Darstellung des Kritizismus zu geben. Keiner von Kants Lesern hat auch nur verstanden, wovon er eigentlich redet. Hoffentlich werde ich mich meinem Zeitalter verständlich machen können.

Buchstabe und Geist!

Das Genie erfordert Originalität, seine Produkte sind exemplarisch. Genies gibt es in der schönen Kunst, aber leider nicht in der Philosophie. In ihr ist Pünktlichkeit im Denken gefragt. Das muss auch Johann Gottlieb Fichte (1762-1814, siehe rechts) zur Kenntnis nehmen. Kant erklärt im August 1799 öffentlich, dass der „Geist der Fichteschen Philosophie" kein Kritizismus und dass die *Kritik* „nach dem Buchstaben zu verstehen" ist. – So sind sie, unsere Philosophen. Geht es um die Interpretation ihrer eigenen Schriften, beharren sie auf dem Buchstaben. Über dem Buchstaben der Kollegen lassen sie ihren Geist aber gerne auch einmal frei schweben.

Eine Norm ist gültig, wenn die voraussichtlichen Folgen und Nebenwirkungen, die sich aus ihrer allgemeinen Befolgung für die Interessenlagen und Wertorientierungen eines jeden voraussichtlich ergeben, von allen Betroffenen gemeinsam zwanglos akzeptiert werden könnten.

Ohje ...

Die Diskurstheorie

Eine diskurstheoretische Neufassung der reinen praktischen Vernunft und des kategorischen Imperativs schlägt der Philosoph und Soziologe Jürgen Habermas (geb. 1929, siehe oben links) vor. Habermas sucht das Heil nicht in der griechischen Antike und möchte sich auch nicht den postmodernen Nachrufen auf die Möglichkeit rationaler Verständigung anschließen. Ganz im Gegenteil ist er unter Rückgriff und mit Verweis auf Kant davon überzeugt, dass die Moderne ein unvollendetes Projekt ist. Kants metaphysischer Vernunftbegriff muss unter den Bedingungen nachmetaphysischen Denkens allerdings durch die Idee des öffentlichen und intersubjektiven Vernunftgebrauchs abgelöst werden. Geltung sollen allein diejenigen Normen beanspruchen dürfen, die im Rahmen eines herrschaftsfreien Diskurses gegenüber allen vom Diskurs Betroffenen gerechtfertigt werden können. Den Gedanken einer Letztbegründung von Normen weist Habermas zurück. Werden eingespielte Lebensformen brüchig und hinterfragt, entsteht eine Legitimitätslücke, die durch die Anwendung des Diskursprinzips auf die gesamte Handlungswelt des Menschen (Moral, Ethik, Politik, Recht) geschlossen werden kann. Die Geltung der Normen kann widerrufen werden, sobald sich die Umstände ändern, unter denen das Einverständnis unter den Diskursteilnehmern ursprünglich erreicht worden ist.

Tugend statt Pflicht

Im Jahre 1958 publiziert die britische Philosophin Elizabeth Anscombe (1919-2001, siehe oben rechts) eine scharfe Kritik an Kants Pflichtenethik. Diese Kritik ist bis auf den heutigen Tag sehr einflussreich. Ihrer Ansicht nach hat der von Kant in Anspruch genommene Begriff der Verpflichtung seinen Ursprung in der jüdisch-christlichen Gesetzestradition und muss außerhalb dieser Tradition unverständlich bleiben. Moralphilosophen reden von „Pflicht", „Sollen", „moralisch richtig und falsch", ohne die Lücke zu schließen, die sich auftut, wenn man den Glauben an einen gesetzgebenden Gott aufgibt. Kants Idee der Selbstgesetzgebung weist sie als „absurd" zurück und plädiert dafür, dessen abstrakte moralische Ausdrücke aufzugeben. Vielmehr sollten wir uns an der Terminologie der Tugendethik orientieren. Danach ist eine Handlung nicht „richtig" oder „falsch" sondern „gerecht" oder „ungerecht". – Ob Anscombes Kritik dem Buchstaben und dem Geist von Kants Ethik gerecht wird? Urteilen Sie selbst.

Die Armee der Pflicht

Ebenfalls aus einer der Tugendethik von Aristoteles nahe stehenden Perspektive kritisiert der britisch-amerikanische Philosoph John McDowell (geb. 1942) Kant. Er wirft ihm vor, nicht erklären zu können, warum wir unsere Pflicht erfüllen sollen. Die reine Vernunft motiviert uns nicht, weil sie nicht Teil unserer subjektiven motivationalen Verfassung ist. Zur Verdeutlichung seiner Auffassung zeichnet McDowell das Bild „einer Armee der Pflicht". Warum sollten wir in ihr dienen? Weil die Ziele dieser Armee uns „nicht bloß zufällig am Herzen" liegen. Die Philosophen der Neuzeit sind auf Fragen der Rechtfertigung und Begründung fixiert und sehen nicht, dass die Vernunft selbst erworben werden muss. Sie muss zu unserer „zweiten Natur" werden. Die „zweite Natur" öffnet uns „die Augen für wirkliche Handlungsgründe" und bereitet den Boden „für inhaltliche Argumente", die wir nicht abweisen können. Kant dagegen hat nach McDowell versucht, mit der reinen Vernunft eine gegenüber unserer subjektiven motivationalen Konstitution äußere Perspektive einzunehmen. Gerade weil, so McDowell, Kant die Vernunft als eine äußere Stimme versteht, vermag er nicht zu erklären, warum wir auf sie hören sollten. – Ist Kants „Armee der Pflicht" eine Geisterarmee, weil sie keine Soldaten hat, die sich ihr freiwillig anschließen? Oder ist sie eine Volksarmee, in der die Menschen ihren Dienst leisten, weil sie es selbst als reine Vernunftwesen so wollen?

Die intersubjektive Dimension der Vernunft

Kants Konzept der Vernunft liegt ein zutiefst humaner, ein egalitaristischer und weltbürgerlicher Gedanke zugrunde. Als Vernunftwesen wollen wir andere Menschen mit Gründen überzeugen und durch Gründe überzeugt werden. Wir wollen nicht täuschen und getäuscht werden. Wir wollen nicht zwingen und gezwungen werden. Wir wollen aus Einsicht handeln. Kant will uns im Rahmen seiner Kritik der Vernunft über die Gründe informieren, die uns mit uns selbst in Übereinstimmung bringen. Das Ziel des Denkens besteht in der Zufriedenheit mit sich selbst durch Einsicht in die Endlichkeit unserer Erkenntnisfähigkeit und den zugleich kosmologischen Charakter der Vernunft. In einer Notiz aus den sechziger Jahren des 18. Jahrhunderts bringt Kant sein philosophisches Anliegen auf den Punkt: „Ich kann einen andern niemals überzeugen als durch seine eigenen Gedanken. Ich muß also voraussetzen, der andere habe einen guten und richtigen Verstand, sonst ist es vergeblich zu hoffen, er werde durch meine Gründe könne gewonnen werden." Wir müssen auf die Vernunft im Menschen hoffen. Sie ist ohne Alternative.

... zum Schluss noch ein Kant-Zitat: „Wenn ein Mensch recht bequem leben wollte, so müßte er sich jemanden halten, der für ihn Gedächtnis, einen Anderen, der für ihn Verstand, einen Dritten, der für ihn Urteilskraft hätte. Am Ende kommt es aber doch darauf an, daß jeder Mensch suchen muß, mündig zu werden."

Am Ende ...

Worin liegt die überzeitliche Bedeutung Kants? In ihrer Methode. Dass er die Art und Weise geändert hat, in der wir über uns selbst, über die Welt, über Gott und Unsterblichkeit, Natur und Freiheit, Moral und Recht, Krieg und Frieden, Gefühl und Vernunft, Aufklärung und Wissenschaft nachdenken. Kants Philosophie ist eine Philosophie des Menschen für den Menschen. „Es ist keine größere und wichtigere Untersuchung für den Menschen als die Erkenntnis des Menschen ... Alles ist für mich nur interessant insofern es eine Beziehung auf mich hat. Dieses unser Selbst suchen wir überall, wo es sein kann, geltend zu machen. Es kann deswegen aber nicht immer geschehen, weil andere auch so gesonnen sind." Kant hat an unsere Vernunft appelliert, aber er war sich auch darüber im Klaren, dass sie nicht auf Bäumen wächst. Sie muss kultiviert werden und ist auf glückliche Umstände angewiesen, unter denen sie sich in ihren unterschiedlichen Ausdrucksformen in Moral und Recht, in Wissenschaft und Politik entfalten kann.

Unsere gemeinsame Reise auf dem „dornichten Pfad" der Kritik geht jetzt zu Ende. Vielleicht ist das Wichtigste noch gar nicht gesagt worden. Finden Sie es heraus! Setzen Sie die Reise auf eigene Faust fort. Es lohnt sich, selbst wenn Sie links und rechts des Pfades manches sehen und hören werden, was Ihnen nicht gefällt. Auch Kant hatte seine Vorurteile, war unaufmerksam und auch parteiisch. Lassen Sie sich nicht von den Nörglern und Bedenkenträgern, den Zauberern und Sehern irritieren, die sich Ihnen in den Weg stellen, die sie wortgewaltig und geistreich in den Irrgarten der Unvernunft locken wollen. Seien Sie tapfer und hoffnungsfroh. Die Philosophiegeschichte ist eine beobachtende Wissenschaft. Sie beobachtet das Spiel der Katze mit der Maus. Die Katze ist die Zeit, die Maus der Gedanke. Meist gewinnt die Katze, gelegentlich aber auch die Maus.

Glossar

A posteriori
Beruht auf Erfahrung bzw. setzt Erfahrung voraus. Empirische Urteile sind synthetische Urteile a posteriori.

Apperzeption, empirische und transzendentale
Die empirische Apperzeption ist das empirische Selbstbewusstsein des Menschen. Die transzendentale Apperzeption ist der ‚höchste Punkt' der Transzendentalphilosophie. Ohne sie könnte die notwendige Einheit der Erfahrung nicht verstanden werden.

A priori
Unabhängig von und vor aller Erfahrung gültig.

Aufklärung
Meint zugleich den Prozess der Überwindung unserer Unmündigkeit und das Ziel der Mündigkeit. Wird auch als Epochenbezeichnung verwendet.

Autonomie – Heteronomie
Die Autonomie (Selbstgesetzgebung) ist das Prinzip der Moral. Handeln wir aus Achtung vor dem Moralgesetz, handeln wir autonom. Lassen wir uns durch unsere Neigungen bestimmen, handeln wir heteronom (fremdbestimmt). In diesem Falle lassen wir uns durch die Gesetze der Natur bestimmen.

Freiheit, transzendentale und praktische
Transzendentale Freiheit ist das Vermögen eines Subjekts, einen Zustand von selbst anzufangen. Kant verwendet auch die Begriffe der Spontaneität und der Selbsttätigkeit. Menschen verfügen über praktische Freiheit, weil sie sich selbst durch die Vorstellung von Prinzipien zum Handeln bestimmen können.

Idealismus, transzendentaler
Wir erkennen die Gegenstände unserer Erfahrung immer nur als Erscheinung, niemals aber so, wie sie an sich selbst beschaffen sein mögen. Raum und Zeit sind die reinen Formen unserer Anschauung (äußerer und innerer Sinn), die Kategorien die Formen des Denkens.

Ideen, transzendentale
Die drei Ideen der reinen Vernunft sind Gott, Freiheit und Unsterblichkeit der Seele. Obwohl ihre objektive Realität nicht mit den Mitteln der spekulativen Vernunft bewiesen werden kann, wird ihre praktische Realität durch die reine Vernunft postuliert.

Imperativ, hypothetischer
Hypothetische Imperative sind entweder assertorisch (Ratschläge der Klugheit) oder problematisch (Regeln der Geschicklichkeit). Es sind analytische praktische Sätze: Will ich einen bestimmten Zweck, dann muss ich das entsprechende Mittel für seine Beförderung ergreifen. Die praktische Notwendigkeit, eine bestimmte Handlung zu vollziehen, besteht also nur unter der Bedingung, dass ich den Zweck will. Hypothetische Imperative bezeichnen den Bereich instrumenteller oder strategischer Vernunft.

Imperativ, kategorischer

Der kategorische Imperativ fordert mich auf, die Maxime meines Wollens daraufhin zu überprüfen, ob sie sich als ein Prinzip einer (gedachten) allgemeinen Gesetzgebung qualifiziert. Der kategorische Imperativ ist ein Moralprinzip, der den Gebrauch unserer Freiheit bestimmt. Er bezeichnet die moralische Grenze oder den Rahmen unseres instrumentellen Vernunftgebrauchs.

Kritik

Die Kritik untersucht das „Vernunftvermögen überhaupt in Ansehung aller Erkenntnisse, zu denen sie unabhängig von aller Erfahrung streben mag". *Die Kritik der reinen Vernunft* ist ein „Traktat von der Methode". Sie beschäftigt sich primär mit der spekulativen Vernunft, die *Kritik der praktischen Vernunft* mit der praktischen Vernunft und die *Kritik der Urteilskraft* mit der reflektierenden Urteilskraft". Kant verwendet das Wort auch als Epochenbezeichnung: „das Zeitalter der Kritik".

Metaphysik

Metaphysik als Wissenschaft ist die Lehre von den synthetischen Urteilen a priori in den Bereichen unserer Naturerkenntnis (Metaphysik der Natur) und unseres freien Willens (Metaphysik der Sitten). Sie setzt eine vollständige Kritik unserer Erkenntnisvermögen voraus.

Moral

Inbegriff der Bedingungen, unter denen Personen von ihrer freien Willkür Gebrauch machen dürfen oder sollen, ohne gegen den Status von Personen als Selbstzwecken zu verstoßen. Im weiteren Sinne des Wortes umfasst die Moral die Rechtslehre und die Tugendlehre.

Moralgesetz

Die reine Vernunft gibt das Gesetz. Das Gesetz ist eine Regel (Maxime), die mit Notwendigkeit gilt. Ein reines Vernunftwesen handelt nur nach Gesetzen. Der Mensch soll nach Regeln handeln, die sich zu einem Gesetz qualifizieren.

Pflicht

Ist eine moralisch gebotene Handlung (lat. officium). Es gibt Pflichten gegenüber sich selbst und gegenüber anderen, vollkommene und unvollkommene Pflichten.

Philosophie

Die Philosophie ist entweder Vernunfterkenntnis aus reinen Begriffen (reine Philosophie) oder aus empirischen Prinzipien (empirische Philosophie). Reine Philosophie ist entweder Kritik (Propädeutik) oder Metaphysik (System aller philosophischen Erkenntnisse aus reiner Vernunft). Wir können nicht Philosophie, sondern „höchstens nur *philosophieren lernen*".

Recht

Ist der Inbegriff der Bedingungen, unter denen die äußere Freiheit des einen mit der äußeren Freiheit des anderen übereinstimmt. Gliedert sich in das angeborene Freiheitsrecht (inneres Mein und Dein) und das erworbene Recht (äußeres Mein und Dein). Das äußere Mein und Dein umfasst das Privatrecht (Naturrecht) und das Öffentliche Recht (Staatsrecht, Völkerrecht, Weltbürgerrecht).

Religion

Es gibt nur eine wahre Religion, aber viele Arten des Glaubens. „*Religion* ist (subjektiv betrachtet) die Erkenntnis aller unserer Pflichten als göttlicher Gebote." Die natürliche Religion ist identisch mit der Moral und insofern ein reiner praktischer Vernunftbegriff.

Selbstzweck

Der Mensch als Person existiert als Selbstzweck. Alle Zwecke, die aus unserer sinnlichen Natur resultieren, sind ihm untergeordnet.

Transzendentalphilosophie

Beschäftigt sich mit den Bedingungen der Möglichkeit notwendiger Erkenntnisse a priori. Sie ist das System transzendentaler Begriffe und Grundsätze sowie Teil der Metaphysik.

Tugend

Ist „das Vermögen und der überlegte Vorsatz", dem inneren Gegner unserer sittlichen Gesinnung tapfer zu widerstehen. Kants Begriff der Tugend steht der antiken Philosophie der Stoa (nicht der von Aristoteles) nahe.

Urteil

In einem Urteil (Satz) wird eine Verbindung zwischen einem Subjekt und einem Prädikat ausgedrückt. Analytische Urteile sind a priori, synthetische Urteile sind entweder a priori oder a posteriori wahr. Synthetische Urteile erweitern unsere Erkenntnis.

Verbindlichkeit

Die Verbindlichkeit oder Verpflichtung (lat. obligatio) bezeichnet die vom Moralgesetz ausgehende Nötigung unseres Willens, aus Achtung vor dem Moralgesetz zu handeln.

Zweck und Zweckmäßigkeit

Vernünftige Wesen handeln nach der Vorstellung von Zwecken. Eine Handlung ist zweckmäßig, wenn durch sie der beabsichtigte Zweck hervorgebracht wird. Die reflektierende Urteilskraft kann Formen der Natur als zweckmäßig beurteilen, ohne auf einen Zweck Bezug zu nehmen (Zweckmäßigkeit ohne Zweck). Wir müssen uns die Natur so vorstellen, als ob sie Zwecke verfolgen würde.

A.Literaturverzeichnis

1.Primärliteratur

Kant, Immanuel (1900 ff.), *Gesammelte Schriften*, hrsg. von der Preußischen Akademie der Wissenschaften (u.a.), Berlin, Boston. – Der Band 25 enthält die studentischen Nachschriften von Kants Vorlesungen über Anthropologie, denen zahlreiche Zitate entnommen worden sind. Die Schriften Kants sind auch in vielen modernen Ausgaben (mit und ohne Einleitungen und Kommentaren) in verschiedenen Verlagen (z. B. Felix Meiner in Hamburg, Philipp Reclam jun. in Stuttgart und Suhrkamp in Berlin) zugänglich.

2.Sekundärliteratur

Zur Biographie

Groß, Felix (Hrsg.) (1912), *Immanuel Kant. Sein Leben in Darstellungen von Zeitgenossen*, Berlin (Nachdruck: Darmstadt 1980).

Klemme, Heiner F. (1994) (Hrsg.), *Die Schule Immanuel Kants. Mit dem Text von Christian Schiffert über das Königsberger Collegium Fridericianum*, Hamburg.

Kuehn, Manfred (2003), *Kant. Eine Biographie*, München.

Malter, Rudolf (1990) (Hrsg.), *Immanuel Kant in Rede und Gespräch*, Hamburg.

Schultz, Uwe (2003), *Immanuel Kant*, 4. Auflage, Reinbek bei Hamburg.

Einführungen

Höffe, Otfried (2014), *Immanuel Kant*, München.

Klemme, Heiner F. (2004), *Immanuel Kant* (= Campus Einführungen), Frankfurt a.M., New York.

Schnädelbach, Herbert (2011), *Kant* (= Grundwissen Philosophie), Stuttgart.

Weiterführende Literatur

Brandt, Reinhard (2007), *Die Bestimmung des Menschen bei Kant*, Hamburg.

Brandt, Reinhard (2010), *Immanuel Kant – Was bleibt?*, Hamburg.

Fischer, Norbert (Hrsg.) (2004), *Kants Metaphysik und Religionsphilosophie*, Hamburg.

Geismann, Georg / Oberer, Hariolf (Hrsg.) (1986), *Kant und das Recht der Lüge*, Würzburg.

Hinske, Norbert (Hrsg.) (1990), *Was ist Aufklärung? Beiträge aus der Berlinischen Monatsschrift*, Darmstadt.

Höffe, Otfried (2003), *Kants Kritik der reinen Vernunft. Die Grundlegung der modernen Philosophie*, München.

Höffe, Otfried (2012), *Kants Kritik der praktischen Vernunft. Eine Philosophie der Freiheit*, München.

Holzhey, Helmut / Mudroch, Vilem (Hrsg.) (2014), *Die Philosophie des 18. Jahrhunderts. Band 5. Heiliges Römisches Reich Deutscher Nation* (= Grundriss der Geschichte der Philosophie), Basel.

Irrlitz, Gerd (2002), *Kant – Handbuch. Leben und Werk*, Stuttgart.

Klemme, Heiner F. / Kühn, Manfred / Schönecker, Dieter (Hrsg.) (2006), *Moralische Motivation. Kant und die Alternativen*, Hamburg.

Klemme, Heiner F. (2009) (Hrsg.), *Kant und die Zukunft der europäischen Aufklärung*, Berlin, New York.

Röd, Wolfgang (1992), *Der Gott der reinen Vernunft. Die Auseinandersetzung um den ontologischen Gottesbeweis von Anselm bis Hegel*, München.

Steigleder, Klaus (2002), *Kants Moralphilosophie. Die Selbstbezüglichkeit reiner praktischer Vernunft*, Stuttgart, Weimar.

Tetens, Holm (2006), *Kants „Kritik der reinen Vernunft". Ein systematischer Kommentar*, Stuttgart.

Nachschlagewerke

Klemme, Heiner F. / Kuehn, Manfred (Hrsg.) (2016), *The Bloomsbury Dictionary of Eighteenth Century German Philosophers*, London.

Willaschek, Marcus (u.a.) (Hrsg.) (2015), *Kant-Lexikon*, Bde. 1-3, Berlin, Boston.

Zeitschriften

Kant-Studien, hrsg. von M. Baum, B. Dörflinger u. H. F. Klemme, Berlin, Boston.

Kantian-Review, hrsg. von H. Williams, G. Brid u. R. Aquila, Cambridge.

B.Internetadressen

Kant-Gesellschaft e.V.
http://www.kant-gesellschaft.de/

Kant-Forschungsstelle an der Johannes Gutenberg-Universität Mainz
http://www.kant.uni-mainz.de/

Immanuel-Kant-Forum an der Martin-Luther-Universität Halle-Wittenberg
http://www.phil.uni-halle.de/immanuel-kant-forum__ikf_/

C.Hinweis

Die Orthographie und Interpunktion der Originalzitate wurde hin und wieder modernisiert.

Der Autor

Prof. Dr. Heiner F. Klemme ist 1962 in Ahnsen (Bad Eilsen) geboren. Er hat Philosophie, Religionswissenschaft und Sinologie in Marburg, Edinburgh und Bonn studiert. Die Promotion erfolgte 1995 in Marburg, die Habilitation 2003 in Magdeburg. Nach Professuren an den Universitäten in Wuppertal und Mainz ist er seit 2014 Professor für Philosophie an der Martin-Luther-Universität Halle-Wittenberg, wo er auch das von ihm gegründete Immanuel-Kant-Forum leitet. Ferner hat er Gastprofessuren in Brasilien und China wahrgenommen sowie mehr als 200 Vorträge in vielen Ländern gehalten. Er ist Autor und Herausgeber zahlreicher Bücher und Aufsätze vor allem zur Philosophie Kants, zur Philosophie der Aufklärung und zur praktischen Philosophie.

Weitere Infos siehe:
http://www.phil.uni-halle.de/lehrende/prof._dr._heiner_f._klemme/

Der Zeichner

Ansgar Lorenz ist 1979 in Hannover geboren. 2008 hat er mit der „Geschichte der Arbeiterbewegung" (erschienen bei Fink, 2009) an der FH Münster, Fachbereich Design, diplomiert. Seit 2014 lebt und arbeitet er als freiberuflicher Illustrator in Mannheim.
Für den Wilhelm Fink Verlag illustriert er die Reihe „Philosophie für Einsteiger". Erschienen sind bisher Einführungen zu Theodor W. Adorno, Karl Marx, Michel Foucault, Friedrich Nietzsche, Martin Heidegger, Niklas Luhmann und Pierre Bourdieu.

Weitere Infos siehe:
www.fink.de/katalog/reihe/philosophie_fuer_einsteiger.html und
www.karikatur.ansgarlorenz.de

Philosophie für Einsteiger

ISBN 978-3-7705-6087-5

ISBN 978-3-7705-5507-79

ISBN 978-3-7705-5330-3

ISBN 978-3-7705-5768-4

ISBN 978-3-7705-5485-0

ISBN 978-3-7705-5233-7

ISBN 978-3-7705-5329-7

ISBN 978-3-7705-5924-4

Alle Bände ca. 96 Seiten, durchgängig bebildert, Kart.

Komplexe Einführungen in die Philosophie gibt es wie Sand am Meer. Die Reihe „Philosophie für Einsteiger" geht einen anderen Weg. Zeichnung und Text sind gleichberechtigt, was diese kurze und äußerst unterhaltsame Einführung besonders leicht verständlich macht. Mit reichlich anekdotischem und biographischem Material ausgestattet wird der Leser mit Leben und Denken eines Philosophen vertraut gemacht.

www.fink.de

Wilhelm Fink